“四好农村路”之安远实践

中共安远县委
安远县人民政府　组织编写

人民交通出版社股份有限公司
China Communications Press Co.,Ltd.

内 容 提 要

"四好农村路"是中共中央总书记习近平于2014年3月提出的。2017年12月，习近平又对"四好农村路"建设作出重要指示。他强调，近年来，"四好农村路"建设取得了实实在在的成效，为农村特别是贫困地区带去了人气、财气，也为党在基层凝聚了民心。

2017年，安远县被评选为首批"四好农村路"全国示范县。本书梳理总结了安远县在"四好农村路"建设中的经验做法及取得的成效，可供各地参考借鉴。

图书在版编目(CIP)数据

"四好农村路"之安远实践 / 中共安远县委，安远县人民政府组织编写．—北京：人民交通出版社股份有限公司，2018.8

ISBN 978-7-114-14913-9

Ⅰ．①四…　Ⅱ．①中…　②安…　Ⅲ．①农村道路—道路建设—研究—安远县　Ⅳ．①F542.856.4

中国版本图书馆CIP数据核字(2018)第169515号

书　　名：**"四好农村路"之安远实践**
著 作 者：中共安远县委　安远县人民政府
责任编辑：王　丹
责任校对：刘　芹
责任印制：张　凯
出版发行：人民交通出版社股份有限公司
地　　址：（100011）北京市朝阳区安定门外外馆斜街3号
网　　址：http://www.ccpress.com.cn
销售电话：（010）59757973
总 经 销：人民交通出版社股份有限公司发行部
经　　销：各地新华书店
印　　刷：中国电影出版社印刷厂
开　　本：787×1092　1/16
印　　张：5.5
字　　数：93千
版　　次：2018年8月　第1版
印　　次：2018年8月　第1次印刷
书　　号：ISBN 978-7-114-14913-9
定　　价：48.00元

“四好农村路”

前言

Preface

安远县隶属于江西省赣州市，位于江西省南部，地处闽粤赣三省交界处，南岭山脉的延续地带，是典型的山区县。截至2018年3月，全县辖8个镇、10个乡，总人口40万人，总面积2375平方公里。安远是苏区精神的重要发祥地，也是香港同胞饮用水东江的源头，还是国家扶贫开发重点县、罗霄山脉扶贫攻坚特困片区县。2013年以前，我县还是江西唯一不通铁路、高速公路和国道的县，交通落后闭塞，正所谓“出门三步羊肠道，百里千斤靠肩挑”。

近年来，我县深入贯彻习近平总书记关于“四好农村路”建设的重要指示精神，不等不靠，主动作为，用“小财政”建设“大交通”，优先解决“断头路”，全力建好联网路、旅游路、产业路，以路兴产，以产拓路，走出了一条贫困县建设“四好农村路”助力交通扶贫、乡村振兴的特色之路，打造了欠发达县建设“四好农村路”的“典型样板”。

2017年，我县先后被评为全省、全国首批“四好农村路”示范县，圆满承办全省“四好农村路”交通扶贫现场会。按照交通运输部要求，我县及时总结经验，加大宣传推广，充分发挥示范县的典型引领作用。在总结“安远样板”经验的基础上，我们组织编写了此书。相信，本书的出版将继续推动我县“四好农村路”建设实现高质量发展，为广大农民致富奔小康、为加快推进农业农村现代化提供更好保障，助力谱写新时代乡村振兴安远新篇章！

中共安远县委

安远县人民政府

2018 年 4 月

"四好农村路"

目录

Contents

“四好农村路”助力安远脱贫攻坚

作为山区县，安远曾是江西省唯一不通铁路、国道、高速公路的“三无县”，更别提“四好农村路”的建设了。而今，随着《关于支持赣南等原中央苏区振兴发展的若干意见》出台实施，安远人民脱贫致富奔小康的夙愿一个个得以实现。以下几个小故事折射了安远“四好农村路”建设给群众生活带来的异样改变。

故事一：在偏僻的安远县长沙乡吉祥村，有这么一个人，他通过求学走出大山并在深圳拥有一份高薪职业。2014 年，他毅然放弃大都市优越的生活环境，回到了家乡办起了合作社，开起了网店，卖起了土特产，只为解乡邻滞销脐橙的燃眉之急。随着“四好农村路"的建设，他在线上销售脐橙、土鸡蛋等农特产品半个多小时便能送到县城和周边乡镇。2016年，他实现年营业额200多万元。这个人就是钟橙农业专业合作社的创始人、长沙乡致富带头人——钟遥。

故事二：安远县天心镇的叶锦有，曾是一个无资金、无技术、无收入的三无贫困户，生活苦不堪言。他的命运却因"四好农村路"建设而得到彻底改变。因公路养护是"四好农村路"建设中的重要一环，需长期投入人力养护，2016年，他通过政府购买的公益性岗位承包了8.23公里的县道路段养护。实现再就业的他一年下来可得到4万多元的收入。叶锦有通过公路养护工一举摘掉贫困帽，成为左邻右舍茶余饭后的美谈。

故事三：山田广袤、生态多样、风景迤逦、森林覆盖率达80%的安远县蔡坊乡，曾因山高路远、交通闭塞，导致该乡农村经济发展一度落后。自从实施"村村通"以后，该乡蜿蜒曲折的乡村公路成为打造慢游小乡的重要一环。更值得乡民自豪的是，该乡整洁舒畅的通村公路成为2017年安远县首届自行车公开赛的首选赛道。公开赛吸引了更多游客自驾前来游玩，火热的乡村旅游成为当地群众致富奔小康的有力法宝。

这三个故事正是我县推进"四好农村路"建设、助推经济社会发展的缩影。

安远县地处江西省南部，赣粤闽交界处，是典型的山区农业县，也是国家扶贫开发重点县、罗霄山脉特困片区县。全县辖18个乡镇151个行政村，总人口40万人，现仍有贫困人口2.2万人，贫困发生率6.88%。近年来，安远县委、县政府在交通运输部、省交通运输厅的鼎力帮扶指导下，深入贯彻落实习近平总书记关于"四好农村路"的重要指示精神，主动作为、大胆创新、攻坚克难，积极推进"四好农村路"建设，为"决战脱贫攻坚、决胜全面小康"提供了坚实的基础保障，特别是为2018年全县脱贫摘帽提供交通保障。

一、主要成效

（一）建好路，铺就脱贫攻坚"快车道"。2013年以来，全县投入交通建设资金超过100亿元，是"十一五"时期的30多倍，改写了江西省唯一不通高速公路和国道县份的历史。截至目前，全县共改建农村公路1291.1公里，改造危桥26座，实现25户以上自然村全部通水泥（沥青）路，一条条羊肠小道变成宽阔平坦的"康庄大道"，成了农村群众脱贫致富的"绿色通道"。2013年至今，全县减贫63554人，贫困发生率下降20.69%，农村人均可支配收入年均增长 12.5%。

（二）管好路，织牢群众安全“保障网”。按照依法治路的总要求，全面加强农村公路管理。2015 年以来，清除占用路肩、边沟、边坡种植农作物近 1.4 万平方米，拆除占道违章建筑 1151 平方米，清理乱堆乱放 1361 处，查处各类案件 24 宗（件）。特别是大力开展治超工作以来，累计出动人员 3906 人次，出动执法车辆 444 辆次、监测车辆 9970 辆，查处超限超载车辆 132 台次，卸载 2335 吨，扣分 555 分，恢复改装车 117 辆，辖区内违法超限超载行为得到有效控制，主干道超限超载率控制在 1% 以内。

（三）养好路，绘就一路一景“风景线”。近年来，每年投入资金 500 余万元，扎实推进农村公路养护管理工作，全县 945 公里农村公路列入养护范围，占总里程的 100%，好路率达 95%。境内农村公路路面干净整洁、路肩平整结实、水沟明显通畅、边坡修理到位、安全设施齐全、驾车视线良好。一条公路获评“江西最美乡村路”。《江西日报》《中国交通报》等媒体和行业报刊先后多次进行宣传推介农村公路养护“安远经验”。

（四）运营好路，打造经济发展“新引擎”。坚持客货并举方针，全面加快道路运输事业发展。近年来，开工建设二级客运站 1 个，建成乡镇客运站 12 个，便民候车亭 92 个，县内行政村通班车率达到 96%，实现具备通行条件的行政村全部通客运班车，群众出行更为快捷便利。新建总投资 6.2 亿元占地 486 亩的物流中心及乡（镇）物流站、村物流点 18 个，覆盖率达到 100%。

二、主 要 做 法

（一）“三化并举”建公路

安远立足产业发展和民生需求，瞄准脱贫攻坚的交通短板，采取以政府投资为主、多渠道筹资为辅、社会资金参与的筹资模式，三年来投入资金 15.5 亿元，扎实推进农村公路建设。

1. 一体化规划。我县把农村公路建设与产业发展、秀美乡村建设和扶贫开发紧密结合，优化农村公路布局，加快现代农业、旅游等产业发展；将通村公路建设一并纳入整村推进扶贫规划中，按照“先贫困村、后一般村”的原则，着力完善农村道路基础设施。去年，我县完成了 70 个贫困村的进村主干道大中修工程，今年将全面完成对剩余 81 个非贫困村进村公路修建。

2. 灵活化实施。明确县道由交通部门实施建设，乡村公路建设则由乡镇组织实施。对进村主干道路面的大中修工程，我县通过抽签摇号方式确定施工单位。2016 年仅用 4 个月时间就完成了 70 个贫困村和 25 户以上自然村通组公路共计 503.4 公里的改造任务；全面落实公路建设“七公开”制度，确保了工程质量。

3. 标准化建设。我县通过改造，使路面宽度达到 4.5 米以上，全部铺设沥青路面并绿化，完善了标线标识和农村公路“招呼站”等附属设施。同时坚持安保工程、客运物流、公路建设同步规划、建设和验收，确保农村公路“建成一条、达标一条”。

（二）“三管齐下”保畅通

“四好农村路”建好是基础，管好才是保障，我们力行“三管齐下”，扎实做好农村公路管理工作。

1. 严管道路设施。在全省率先设立全县 18 个乡镇全覆盖的交通管理站，分别由 1 名乡镇分管领导、1 名站长和 1 名交通员组成，具体负责辖区内的农村公路管养工作。同时，成立由村干部、“五老人员”组成的村级理事会，负责每日巡查，维护村道设施，制止侵路行为，形成了县、乡、村三级联动的路产路权保护网络，确保农村公路的通畅和设施的完好。

2. 严治超限超载。整合公安、交通、公路等部门队伍力量，成立县治超大队，综合运用法律、行政、经济等手段，采取流动治超的方式，将治超范围延伸至乡道、村道，严厉打击超载超限行为；在每条农村公路上完善限载、限高、限宽等设施和标志，既有效延长公路使用年限，又确保道路交通安全。

3. 严整路域环境。将路域环境整治列为农村环境整治的重要内容、写进村规民约，建立路域卫生保洁长效机制；按照属地管理原则，由镇村两级负责做好路面及沿线的环境治理和卫生保洁。2016 年，全县农村公路保洁率较 2014 年提升了 35%，营造了“畅安舒美”的通行环境。

（三）“三个到位”护好路

农村公路“三分建设、七分养护”。我县强化基层养护力量，调动基层养护积极性，以绣花功夫做好养护。

1. 责任压实到位。实行县道“管养分离”，在全省率先将县级公路养护权下放到乡镇，形成县、乡、村三级齐抓农村公路养护的责任体系；按照养护“八无标准”，建立了养护考核“评定清单”，将评定结果纳入到年终科学发展综合考核，对落实不力的乡镇予以问责，促进了养护责任的全面落实。

2. 人员安排到位。积极探索交通扶贫新模式，将农村公路养护和精准扶贫相结合，开发农村公路养护员公益性岗位，安排 200 名贫困户从事公路养护工作，保障每人每月考核工资 1200 元，实现了“扶持一岗、脱贫一户”目标。同时强化县、乡、村三级公路养护班组、公路管理员和养护员的专业知识和职业道德培训，提高公路养护能力和水平。

3. 资金保障到位。由县财政统筹 500 万元作为农村公路养护专项资金，其中一部分用于养护员工资，另一部分用于养护机械及工具添置、水毁抢修和季节性奖补经费；建立了稳定的养护经费增长机制，保障养护需求；通过“一事一议”社会捐助等方式筹措管养资金，充分调动乡、村两级及社会力量的积极性，形成了全民爱路护路的良好氛围。

（四）“四篇文章”促运营

农村公路，运营好是目的，也是根本价值体现。我县着力做好“城乡客运”和“交通 + 产业、旅游、电商”等“四篇文章”，最大化提升农村公路运营效益。

1. 做好“城乡客运一体化”文章。我县通过新增镇村公路线路、增设公路沿线候车站（点），扩大了乡村公交和农村客运网络覆盖面，并通过政府补贴，确保了乡村公交“开得通、留得住、可持续”，加快了城乡客运一体化建设进程。目前，全县乡（镇）客车通达率 100%，行政村客车覆盖率 94%，农村群众到县城和圩镇的时间平均分别缩短了 41.6% 和 48.2%，贫困地区群众也实现了“出门水泥路、抬脚上客车”的便利生活。

2. 做好“交通 + 特色产业”文章。我县将农村公路与扶贫产业发展相结合，大力发展有机蔬菜、百香果、猕猴桃等特色产业，依托全新农村公路网络，农业生产成本和农产品货运成本明显下降，贫困群众发展产业的意愿和信心倍增。近三年来，全县新增特色产业 9.6 万亩，新增农民专业合作社 148 个，全县农业总产值年均增长 4.6%，实现了“修好一条路、发展一片产业、脱贫一方群众”的目标，5300 余户贫困群众通过发展产业实现脱贫。

3. 做好“交通 + 生态旅游”文章。我县把农村公路建设与乡村旅游发展相结合，通过畅通乡村旅游公路，建设和谐秀美乡村，有效带动乡村旅游产业的快速发展。近三年来，全县接待旅游人次年均增长 32%，旅游综合收入年均增长 28%，其中休闲自驾旅游人次占接待人次 82%，带动发展乡村农家乐、农家旅馆 200 余家。

4. 做好“交通 + 农村电商”文章。将交通、供销、电商、快递等资源进行整合，实施“交通 + 电商”工程，通过打造县、乡、村三级农村电商物流配送网点，全面打通电商进村的"最后一公里"，加快农村电商产业的发展。目前，全县农村发展网店 1800 多家，有 3 万多农户参与电子商务产业，脐橙、猕猴桃等农产品销售量年均增长 25%，先后有 1100 余户贫困户通过发展电商实现脱贫。

三、几点体会

第一，坚持从解决认识问题入手推进"四好农村路"建设。思想是行动的指南。重建设轻管养是影响农村公路发展的现实问题，2016 年以前，因管理养护跟不上，农村公路损毁严重，路产路权破坏致使交通事故频发，农村公路建设成效完全不能有效体现，沉痛的现实让人幡然醒悟。为此，"四好农村路"养护摆上了县委、县政府的重要议事日程，主要领导及分管领导多次深入农村公路一线开展调查研究，就推进"四好农村路"养护工作多次作出重要批示，在政策、资金等方面给予大力支持，并于 2016 年 9 月在孔田镇组建起全市首支乡镇级农村公路养护队，为我县全面推进"四好农村路"养护起到示范引领的作用。

第二，坚持多方联动发挥合力推进"四好农村路"建设。一是乡镇配合。在"四好农村路"建设中，乡镇承担着项目建设业主、资金保障、协助行业管理等相关工作，我县通过把"四好农村路"建设列入对各乡镇绩效考评，考评结果与绩效奖金发放、干部提拔使用挂钩，为各责任主体扎实开展养护工作提供了动力，确保"四好农村路"建设的深入推进。二是群众的支持。我县在推进"四好农村路"建设中，极为重视发挥群众支持作用。广大群众积极参与项目筹资、质量管理、路政协管等工作，为我县"四好农村路"推进提供了强力的支撑。多方联动发挥巨大的合力，加快了"四好农村路"建设的推进。

第三，坚持分步实施逐步推进的办法推进"四好农村路"建设。项目建设中，我们坚持把群众收益多、涉及面广的项目优先实施，其余项目逐步解决。

第四，坚持狠抓工作落实推进"四好农村路"建设。一是狠抓督查调度。根据工作性质和特点，坚持重大项目周督查，重点工作月调度和常规工作季调度相结合，综合运用现场督查、会议调度、部门督查、重点调度、专项督查等多种形式，为工作推动提供强大动力。二是坚持严格问责。项目进度达不到时序、项目管理混乱的要问责，项目质量不达标、养护质量不达标、路政执法管理不规范的要问责，出现安全事故、违反廉洁纪律的要问责，形成压力倒逼工作开展。

农村公路是农村地区脱贫致富的基础保障，深入推进“四好农村公路”建设，是当前一项重要的民心工程，也是脱贫攻坚的先导工程。近年来，通过交通运输部、省交通运输厅的全力扶持和倾力推动，我县在建设“四好农村路”上取得了初步的成效，但与上级要求和群众期盼还有一定的差距。下一步，我们将认真贯彻落实李小鹏部长在安远考察调研时的重要讲话精神和此次会议精神，进一步把农村公路建好、管好、护好、运营好，积极创建“四好农村路”示范县，打赢交通扶贫攻坚战，加快脱贫摘帽和同步小康步伐。

“小财政”建设“大交通”

近年来，安远县在积极对接交通运输部对口支援及省市交通运输部门定点帮扶的同时，不等不靠、主动作为，以建设“四好农村路”为抓手，用“小财政”建设“大交通”，为决战脱贫攻坚提供强有力的交通保障。据统计，2014—2016年，全县GDP年均增长12.1%，贫困发生率由16.9%降至7.36%。

一、建设为先，强化投入，铺就脱贫攻坚“快车道”

交通是发展的先行官。安远将“四好农村路”建设作为打赢脱贫攻坚战的先导工程来抓，提出了“构建大交通”发展战略，科学规划、全力保障，逐步破解制约农村经济社会发展的瓶颈。

（一）描绘交通建设“新蓝图”。牢固树立“大交通”理念，注重全面系统谋划，将交通建设融入经济社会发展的各个领域，与脱贫攻坚、旅游开发、美丽乡村等工作相结合，推进综合交通规划一张图、建设一盘棋、管理一体化，着力优化布局，坚持公路建设、安防工程、水保绿化同步规划、建设和验收，确保“建成一条、达标一条、见效一条”。

（二）拓宽资金筹措“新渠道”。安远县虽然是国家贫困县，却始终把交通建设放在优先发展位置，以“勒紧裤腰带，也要把路修”的决心，采取以政府投资为主、多渠道筹资为辅、社会资金参与的筹资模式。三年来，整合涉农资金 11.5 亿元，相当于 2016 年全县财政收入的 1.5 倍，用于农村公路建设，全面改善交通运输条件。累计建成 935 公里扶贫路、195 公里产业路、46 公里旅游路。2016 年，我县完成了 70 个贫困村的进村主干道改扩建，2017 年将全面完成剩余 81 个非贫困村进村主干道的改扩建工程。

（三）开创质量监管“新路子”。牢固树立高质量建设就是最好养护的理念，全面加强工程质量管理。2015 年成立县级交通工程质量监督站，并通过公开招考、特聘等渠道吸纳 19 名公路专业技术人员充实到公路站、质监站。打下了公路建设质量监督全覆盖的基础。推行交通工程“质量首件制”，即在每一分项工程中，选择第一施工项目作为首件工程（如第一段路基、第一根灌注桩、第一片空心板），并将首件工程的每一道工序作为首件工序，制定严密的操作规程，确保质量监管措施落实到位。同时，落实责任公开制，对农村公路的建设责任人、管理责任人、养护责任人进行立牌公示，方便政府监管和群众监督，保证农村公路建管质量。

（四）探索项目招标“新模式”。2016 年，在 70 个贫困村 144 公里进村主干道改扩建施工招标中，探索试行“邀请 + 摇号”方式确定施工方，由财政部门会同交通部门认真核定工程预算，邀请资质齐全、信誉良好的全市 18 个公路分局参与项目投标，通过抽签摇号方式确定施工单位。公路分局通过优质高效的施工管理，有力保证了项目建设质量，得到了广大群众的一致认可。2017 年，我县延续项目招标新模式，对全县剩下的 81 个非贫困村 129 公里进村主干道进行改扩建。

二、管理为要，压实责任，织牢群众安全“保障网”

“四好农村路”建好是基础，管好是保障。我县始终把农村公路管理作为一项重要工作来抓，牢固树立建设是发展、管理也是发展的理念，积极探索农村公路管理模式创新，加强农村公路管理工作。

（一）构建三级网络，实现路政管理全覆盖。2015 年全县设立乡镇交通管理站，落实有人员、有编制、有经费、有场所、有制度“五有”保障，具体负责辖区内农村公路建管养工作，并在村级设立路政信息员，负责维护村道设施、反馈路况信息，形成县、乡、村三级联动的路产路权保护网络，确保农村公路通畅和设施完好。同时，将农村公路管养三字经、爱路护路村规民约与乡风文明行动相结合，提高群众管护意识，形成“农村公路人人管护”的深厚社会氛围。

（二）强化“路长”责任，完善长效管理机制。按照“属地管理、分段负责”的原则，积极推行“路长制”，将农村公路管养、路域环境整治等纳入乡镇中心工作范畴，并设立考核机制，提升乡镇管路护路积极性。乡（镇）党委书记和乡（镇）长任精品示范路路长，班子成员担任其他乡村公路路长，负责做好公路养护及路域环境整治工作，确保道路安全通畅，营造“畅、安、舒、美”的通行环境。

（三）加强源头管理，全面治超成效显著。整合交通、交警、公路、公安等部门力量，成立县治超大队，综合运用法律、行政、经济等手段，构建“源头管、路面查、追踪罚”全程治超体系，对货运车辆“逢车必检，逢超必治”，包括县重点项目工程车辆也一视同仁，并将治超范围延伸至县乡道，严厉打击超限超载行为，构建县有路政员、乡有监管员、村有信息员的治超信息网络体系。同时，在农村公路上开展流动治超，并建立和完善限载、限高、限宽等设施和标志，有效延长公路使用年限，确保道路交通安全。截至 2017 年 10 月底，共检测车辆 26754 辆，查处违法超限超载车辆 211 辆，交通事故率较往年同期相比下降了 60.5%，车辆超限超载率稳定控制在 1% 以内。

三、养护为重，创新举措，绘就美丽公路“风景线”

农村公路“三分建设、七分养护”，为了让农村公路“延年益寿”，我县将公路养护与脱贫攻坚相结合，以绣花功夫做好养护工作，让农村公路成为全域旅游的靓丽风景线。

（一）助力脱贫，养护实现常态化。积极探索交通扶贫新模式，设立农村公路养护员公益性岗位，安排200名贫困户从事公路养护工作，实现了“扶持一岗、脱贫一户”目标。同时，2017年由县财政统筹500万元作为农村公路养护专项资金，并建立了养护经费增长机制。充分调动了乡、村两级及社会力量的积极性，形成了全民参与养护的良好氛围。

（二）明确责任，养护实现制度化。按照“县道县养、乡道乡养、村道村养”的原则，将县道、乡道和进村主干道全部纳入管养范围，形成县、乡、村三级齐抓农村公路养护的责任体系；按照养护“八无标准”，建立了养护考核“评定清单”，将评定结果纳入到年终科学发展综合考核。对落实不力的乡镇，予以问责，促进了养护责任的全面落实。目前，全县945公里农村路全部列入养护范围，好路率达90.5%。

（三）统一标准，养护实现规范化。在公路养护工作中，我县创新“36字决”标准，即：路基完整稳定，路面平整干净，路肩整齐平顺，边坡整洁美观，水沟排水通畅，桥涵防护坚实，通过“春排水、夏除草、秋整治、冬修补”季节性重点养护，不断创新养护机制，全面提升养护成效，将乡村公路打造成为一道道美丽整洁的风景线，成为“望得见山、看得见水、记得住乡愁”的美丽乡村名片。其中，龙头村公路于2016年被网媒评为“全国百条最美乡村公路”之一、“江西最美乡村路”。

四、运营为本，统筹推进，打造经济发展“新引擎”

农村公路，运营好是目的，也是根本价值体现。我县坚持改革创新，因地制宜，积极探索农村客货运输和农村物流发展新模式，农村客货运输服务能力显著提升。

（一）坚持与完善农村客运网络相结合，打通群众出行“最后一公里”。我县对公交公司完成了国有化收购。通过新增镇村公路线路、增设公路沿线候车站（点），扩大了镇村公交和农村客运网络覆盖面。同时，县财政在国家燃油补助的基础上，再予以每辆车3万元/年的镇村公交运营补助，确保了乡村公交“开得通、留得住、可持续”。近年来，开工建设二级客运站1个，建成乡镇客运站12个、村级交通服务站20个、便民候车亭92个，全县乡（镇）客车通达率100%，行政村客车覆盖率94%，农村群众到县城和圩镇的时间平均分别缩短了41.6%和48.2%；现有镇村公交4条，辐射到了4个乡镇12个行政村和1.8万农民群众，贫困地区群众"出门水泥路、抬脚上客车"成为现实。

（二）坚持与"降本增效"相结合，打通农村物流"最后一公里"。按照"多站合一、资源共享"的模式，加快推进县乡村物流体系建设，依托交通服务站对交通、供销、电商、快递等资源进行整合，畅通农村物流通道，降低物流成本。目前，新建总投资8亿元占地486亩的物流中心，全县建成乡（镇）交通管理站18个，村级交通服务站20个；e邮电商服务站点106个、淘实惠站点143个、厂家网26个，在农村发展网店1800多家。

（三）坚持与"交通+"相结合，打通脱贫增收"最后一公里"。我县紧紧围绕交通扶贫，牢固树立"交通+"理念，与产业发展、旅游提升、美丽乡村等中心工作相融合，倾力建设"产业致富路""生态旅游路""幸福小康路"，为群众开辟脱贫增收新渠道，实现了修好一条路、发展一片产业、脱贫一方群众的目标。近三年来，全县新增蔬菜、百香果、猕猴桃等基地30多个，特色产业9.6万亩，全县农业总产值年均增长4.6%，带动5300余户贫困群众实现脱贫；2015年以来，全县接待旅游人次年均增长32%，旅游综合收入年均增长28%，全县发展农家乐、农业观光园等乡村旅游点360多家，遍布每个村落，绿水青山真正成为金山银山。

建设"四好农村路"，是农村地区脱贫致富的基础工程，也是实施"乡村振兴战略"的重要保障。经过多年努力，我县在建设"四好农村路"上取得了初步的成效，但与上级要求和群众期盼还有一定差距，还要向全国的先进典型学、向全省的兄弟县市学。我们也将以此次会议为契机，深入学习贯彻党的十九大精神，进一步把农村公路建好、管好、护好、运营好，打好交通扶贫攻坚战，进一步加快脱贫攻坚和同步小康的步伐。

安远的探索与创新

自对口支援和交通扶贫开展以来，安远感恩奋进、主动对接交通运输部和省交通运输厅，坚决落实主体责任，积极争取政策、项目、资金、人才等方面的扶持，想方设法自筹建设资金，全力创建全国“四好”农村路示范县，交通状况发生了翻天覆地的变化，苏区振兴发展取得了累累硕果。

一是借船出海、乘势而为，振兴发展阔步向前。面对落后的交通条件，我县广大干部群众主动作为、感恩奋进，强力推进交通基础设施建设。一方面，主动对接、巧借外力，争取交通运输部、省交通运输厅在资金、项目等方面给予倾斜支持。交通运输部在 38 个国家部委中率先出台对口支援工作方案和推进计划，落实罗霄山片区扶贫规划的国省道、县道升级改造、农村客运网络化等项目补助资金。另一方面，不等不靠、苦练内功，将"构建大交通"列入全县发展战略之首，采取整合涉农资金、项目融资、乡镇村组自筹、社会捐资等方式筹集资金 11.5 亿元，相当于 2016 年全县财政总收入 1.5 倍，投入到交通建设，全面改善交通运输条件。四年来，县域交通建设总投入达 140 多亿元，是过去 30 年总和的近 20 倍，县内公路总里程增加了 966 公里。交通建设的大投入带来了安远各项事业的大发展，全县 GDP 年均增长 12.1%，贫困发生率由 2014 年的 16.9% 降至 7.14%。

二是聚主抓重、畅通脉络，交通体系日渐完善。交通是安远发展最大的瓶颈，出行是当地百姓最急的难题。在交通运输部的大力支持下，我县聚焦重点、突破关键，高效推进高速、国省道等重大交通建设，全面改造升级县乡主干道，途经安远的寻全、宁定 2 条高速建成通车，境内 3 条省道升级为国道，过境铁路和通用机场也正在筹建，新改建农村公路 1291 公里，25 户以上自然村全部通上水泥（沥青）路。目前，我县已基本形成了外通内畅、北上南下、东接西连的现代化公路交通网。如今，群众"出门水泥路、抬脚上客车"，最偏远的乡镇到县城的车程由 4 个小时减少至 1 个小时。安远到赣州缩减了 3 个小时，纳入了"赣州 1 小时经济圈"；到厦门、广州等沿海发达地区车程由平均 5 个小时缩短到 3 个半小时，融入了区域发展的重要"经济圈"。

三是四位一体、同步推进，公路品质更加优化。创建"四好"农村路是打赢脱贫攻坚战的基础性、先导性工程。我县严格落实"四好"农村路建设要求，实施建管并重、养运一体，建设、管理、养护、运营同步推进，确保贫困村在小康路上不因交通而掉队。在管理上，实行"养管分离"，在全省率先设立乡镇交通管理站，建成县有路政员、乡有监管员、村有护路员的县乡村三级路产路权保护网络。在养护上，在全省率先将县级公路养护权下放到乡镇，探索农村公路养护就业扶贫新模式，安排 200 名贫困群众从事公路养护公益性岗位，建立养护责任落实及考核体系，确保公路使用可持续。在运营上，与城乡客运公交管网衔接，把客车开进所有的乡（镇）及 94% 的行政村。四年来，我县公路列养率达 100%，原先破烂残旧、坑洼难行的乡村道路，变成一条条宽阔、平坦、干净的"幸福大道"。

四是强化服务、融合发展，经济效益大幅提升。我县着力做好公路服务文章，坚持将公路建设与农业产业、绿色工业、生态旅游、电商物流等相融合，让一条条修好的公路变成输血造血的"致富路"。以脐橙为例，安远是赣南脐橙的核心主产区，但之前因交通不便，物流成本也高，许多果园无人问津，往往“丰产”难“丰收”。如今，果园公路通往每片果园，脐橙不仅销路好、价格高，而且从山上直接销往全国各地，成为安远老表脱贫致富的“黄金果”“摇钱树”。也正是因为交通便利了，70% 的赣南脐橙都在安远集散，覆盖了周边四省的脐橙经销，安远逐步成为全国最大的赣南脐橙集散交易中心。安远生态环境优越，森林覆盖率 84.3%，但过去因地处偏远、交通不便，老区人民守着青山绿水过穷日子，美丽的东江源三百山“养在深闺人未识”。随着高速公路和旅游公路的建成，公路正源源不断地为群众输送“造血因子”和“致富养分”，越来越多的农民开办了农家乐、挣起了“生态钱”，旅游产业呈现井喷式发展。我县年游客量由 2012 年的 60 万人次增长到 2016 年的 180 多万人次；旅游带动 2 万余贫困户走上脱贫致富路。

盘点安远的 2017 年

2017 年，我县成功入选省交通运输厅第一批“四好农村路”全省示范县、交通运输部首批“四好农村路”全国示范县，并胜利承办了全省“四好农村路”交通扶贫现场会，我县的“四好农村路”建设和交通扶贫成效赢得了省、市的高度赞扬和与会代表的一致好评。

一、2017 年“四好农村路”建设情况

（一）坚持“三个强化”，高品质建设农村公路。坚持把“四好农村路”建设作为打赢脱贫攻坚战的先导工程，科学规划、全力保障、精细管理，逐步消除制约农村经济发展的交通瓶颈。

一是强化规划引领。牢固树立“大交通”理念，注重全面系统谋划，将交通建设融入经济社会发展的各个领域，与脱贫攻坚、旅游开发、美丽乡村等工作相结合，推进综合交通规划一张图、建设一盘棋、管理一体化，着力优化农村公路布局，坚持公路建设、安防工程、水保绿化同步规划、建设和验收，确保农村公路“建成一条、达标一条、见效一条”。

二是强化保障支撑。安远县虽然是国家贫困县，却始终把交通建设放在优先发展位置，以“勒紧裤腰带，也要把路修”的决心，采取以政府投资为主、多渠道筹资为辅、社会资金参与的筹资模式。三年来整合涉农资金 11.5 亿元用于农村公路建设，全面改善交通运输条件。建成 935 公里扶贫路、195 公里产业路、46 公里旅游路。2017 年将全面完成剩余 81 个非贫困村进村主干道的改扩建工程。三是强化质量监管。牢固树立高品质建设就是最好养护的理念，全面加强工程质量管理。2015 年成立县级交通工程质量监督站，并通过公开招考、特聘等渠道吸纳 19 名公路专业技术人员充实到公路站、质监站，打下了公路建设质量监督全覆盖的基础。创新推行交通工程“质量首件制”，即在每一分项工程中，选择第一施工项目作为首件工程（如第一段路基、第一根灌注桩、第一片空心板），并将首件工程的每一道工序作为首件工序，编制严密的操作规程，确保质量监管措施落实到位。同时，落实责任公开制，对农村公路的建设责任人、管理责任人、养护责任人进行立牌公示，方便政府监管和群众监督，保证农村公路建管质量。

（二）坚持“三个发力”，高要求管理农村公路。始终把农村公路管理作为一项重要工作来抓，创新管理方式、拓宽管理范围，切实做到“有路必管、管必到位”。一是在管理机制上发力。2015 年全县设立乡（镇）交通管理站，落实有人员、有编制、有经费、有场所、有制度“五有”保障，具体负责辖区内农村公路建管养工作，并在村级设立路政信息员，负责维护村道设施、反馈路况信息，形成县、乡、村三级联动的路产路权保护网络，确保农村公路通畅和设施完好。同时，将农村公路管养三字经、爱路护路村规民约与乡风文明行动相结合，提高群众管护意识，形成农村公路、人人管护的深厚社会氛围。二是在管理模式上发力。按照“属地管理、分段负责”的原则，积极推行“路长制”，将农

村公路管养、路域环境整治等纳入乡镇中心工作范畴，并设立考核机制，提升乡镇管路护路积极性。乡（镇）党委书记和乡（镇）长任精品示范路路长，班子成员担任其他乡村公路路长，负责做好公路养护及路域环境整治工作，确保道路安全通畅，营造“畅、安、舒、美”的通行环境。三是在路政执法上发力。整合交通、交警、公路、公安等部门力量，成立县治超大队，综合运用法律、行政、经济等手段，构建“源头管、路面查、追踪罚”全程治超体系，对货运车辆“逢车必检，逢超必治”，包括县重点项目工程车辆也一视同仁，并将治超范围延伸至县乡道，严厉打击超限超载行为，构建县有路政员、乡有监管员、村有信息员的治超信息网络体系。同时，在农村公路上开展流动治超，并建立完善限载、限高、限宽等设施和标志，有效延长公路使用年限，确保道路交通安全。2017 年 1 月 1 日至 11 月 30 日，共检测车辆 33248 辆，查处违法超限超载车辆 215 辆，交通事故率较往年同期相比下降了 65%，车辆超限超载率稳定控制在 1% 以内。

（三）坚持“三个到位”，高标准养护农村公路。多措并举保障资金，想方设法养护公路，确保农村公路持续畅通、健康运行。一是资金保障到位。将农村公路养护经费全部纳入财政预算，并建立稳定养护资金增长机制，每年按 10% 的增长速度来保障养护资金。2017 年县财政统筹安排 500 万元作为公路养护资金。充分调动了乡、村两级及社会力量的积极性，形成了全民参与养护的良好氛围。同时，积极探索交通扶贫新模式，设立农村公路养护员公益性岗位，安排 200 名贫困户从事公路养护工作，实现了“扶持一岗、脱贫一户”目标。二是公路列养到位。我县创新“36 字决”标准，即：路基完整稳定，路面平整干净，路肩整齐平顺，边坡整洁美观，水沟排水通畅，桥涵防护坚实，通过“春排水、夏除草、秋整治、冬修补”季节性重点养护，全面提升养护成效。目前，全县农村公路列养率达到 100%，县道、乡道优良率分别达到 92%、87%。大力推行路段精品化，在全面提升养护标准的基础上，梯次推动农村公路养护换挡升级，先后建成农村公路养护生态示范路 36 条 167 公里。其中，龙头村公路于 2016 年被网媒评为“全国百条最美乡村公路”之一、“江西最美乡村路”。三是奖惩问责到位。建立农村公路的政府绩效考核、行业综合考评、专项督查等全方位考核体系，切实把行业行为上升至政府行为。一方面将农村公路养护管理工作纳入年度科学发展观综合考评；另一方面按照养护“八无标准”，建立了养护考核清单，制定《安远县农村公路养护管理考核办法》，加强行业部门监管，形成覆盖全面、标准规范、奖罚分明的考核评价体系。对落实不力的乡镇，予以问责，促进了养护责任的全面落实。

（四）坚持“三个融合”，高水平运营农村公路。坚持改革创新、因地制宜，积极探索农村客货运输和农村物流发展新模式，农村客货运输服务能力显著提升。一是与完善农村客运网络相融合。一方面，对公交公司完成国有化收购；另一方面，在进村公路沿线增设候车站（点），扩大镇村公交和农村客运网络覆盖面，加快城乡客运一体化建设进程。同时，在国家燃油补助的基础上，县财政再予以每辆镇村公交车每年 3 万元的运营补助。目前，乡（镇）客车通达率 100%，村民实现“出家门，上车门，进城门”，农村群众到县城的时间缩短了 48.2%，到乡镇的时间缩短了 41.6%。二是与“降本增效”相融合。按照“多站合一、资源共享”模式，加快推进县乡村物流体系建设，依托交通服务站对交通、供销、电商、快递等资源进行整合，打通农村物流“最后一公里”，降低物流成本。目前，新建总投资 8 亿元的中国供销・赣南脐橙交易中心，全县建成乡（镇）交通管理站 18 个，村级交通服务站 20 个；e 邮电商服务站点 106 个、淘实惠站点 143 个、厂家网 26 个，在农村发展网店 1800 多家。我县平均物流成本比过去降低了 30% 左右，2016 年快递发货量达到 2012 年的 20 倍，物流降本增效创下历史新高。三是与“交通 +”相融合。将交通与扶贫、产业、旅游相融合，让优美的农村公路风景线成为助推产业发展、脱贫致富的坚实保障。深入推进“交通 + 产业”，依托农村公路网络，调整优化农业产业结构，实现“修好一条路、发展一片产业、带动一方群众”。目前，全县新建蔬菜、百香果、猕猴桃等基地等 30 多个，带动全县农业总产值以年均 4.6% 速度增长。深入推进“交通 + 旅游”，将公路建设与县乡村道沿线绿化美化工程同步实施，让公路融入环境，引爆了农家乐、乡村民宿、特色小吃、休闲观光、采摘体验等旅游业态。近三年来全县旅游接待人数突破 400 万人次，实现综合收入超过 20 亿元。深入推进“交通 + 民生”。把农村公路建设与民生事业发展相结合，大力提升群众获得感和幸福感。我县农村公路连通了安置点 26 个，学校、医院、敬老院约 100 多个，惠及贫困群众 8000 多人。

二、存在的问题

（一）建设资金缺口大。我县“十三五”期间在农村公路、旅游公路、产业园区道路等方面的建设任务十分繁重。根据《安远县综合交通运输发展规划（2016-2020）》，到 2020 年，我县要实现县道三级以上比例达 50%、乡道双车道四级以上比例达 20%、现有危桥 100% 改造和 25 户以上自然村道路（油）硬化的交通发展目标。由于我县是国家扶贫开发工作重点县、罗霄山特困片区县，全年财政收入仅 7 亿元，属于“吃饭型”财政，深感筹资压力极大，迫切需要省厅在资金和操作上对我县予以全力支持。

（二）物流服务不配套。物流基础设施建设进展缓慢，境内物流园区尚未建成，没有统一的物流信息平台，物流企业起步低、规模小、市场集中度低、竞争力偏弱。物流业整体水平较低，覆盖网络较小，整个物流市场成熟度距离现代物流业发展的要求仍有较大差距。

三、下一步工作思路

一是围绕建设，对全县剩下的 81 个非贫困村 143.1 公里进村主干道提质扩面，高品质、高标准打造。加快农村候车亭、交通服务站和农村公路安保设施等建设，提高贫困群众交通出行条件。二是围绕管理，积极推行“路长制”管理，进一步加大爱路护路宣传力度，提高群众管护意识，形成农村公路、人人管护的深厚社会氛围。大力推进超限超载治理，完善治超手段，持续保持治超执法高压态势。确保治超站点车辆超限超载率控制在 1% 以内。三是围绕养护，加大对农村公路管理养护工作的督查力度。充分利用微信平台，采取定时和不定时的督查方式进行督查通报，发现问题，及时整改，并对整改落实情况适时组织“回头看”。对未整改到位的积极跟进，直到整改到位。加强业务培训，适时组织养护人员进行农村公路日常养护基本知识和养护技能现场培训，提高公路管养知识和养护水平。四是围绕运营，稳步推进镇村公交发展一体化建设，积极做好 2018 年全省镇村公交试点县运营工作。加快推进二级综合客运站建设工作。加快推进县、乡、村三级物流体系建设，积极做好中国赣南・柑橘产业物流园投资补助申报工作。

四好路 康庄道

安远县庆祝香港回归祖国20周年
“共饮一江水 赣港一家亲”
（蔡坊乡）山地自行车赛
起终点
POLICE

20

C168
岭东至红光

太平村交通服务站
欢迎您

岭东村交通服务站

孔田 定南
镇岗
东生围

树新风

头角峥嵘彰显本色
车头镇龙头村农家书屋+电商服务站
人民有信仰

東江源

龍頭歡迎您
20
江西省3A乡村旅游点
龍頭

决战脱贫攻坚.决胜全面小康

附件 A

安远县加快镇村公交发展工作方案

安府办字〔2016〕6 号　　　　　　　　　　2016 年 1 月 13 日

为积极推进我县镇村公交发展，着力解决我县群众优质、安全、便捷出行问题，实现我县城乡客运一体化，紧紧围绕“一个统领，五大战略”目标，加快“宜居宜游宜业”安远的建设步伐，根据《国务院关于加强道路交通安全工作的意见》(国发〔2012〕30 号)、交通运输部《关于积极推进城乡道路客运一体化发展的意见》(交运发〔2011〕490 号)和《江西省人民政府关于进一步加快交通运输事业发展的意见》(赣府发〔2013〕10 号)、《江西省交通运输厅关于推进城乡道路客运一体化发展的实施意见》(赣交运输字〔2013〕61 号)等文件精神，结合我县实际，特制定本方案。

一、指导思想

按照“以人为本、优先发展、凸显公益；政府主导、企业主体；统一规划、逐步推进、平衡过渡、确保稳定”的基本原则，改革我县现行城乡客运运营模式，打破城乡二元格局，整合城乡客运线路资源，加快构建高效、便捷、完善的城乡公交网络，逐步建立起管理高效、规范有序、富有活力的镇村公交管理体制和运营机制，为县域经济振兴发展提供强力的交通运输保障。

二、基本原则

(一)政府主导、部门联动。我县镇村公交发展工作由县政府牵头，县交通运输局为第一具体责任主体，国土、城建、城管、财政、公安、交管、安监等部门以及各有关乡镇要按照各自职责，加强协调配合，强化管理服务，为该项工作创造良好的环境。

（二）科学规划、有序推进。发展镇村公交必须坚持资源共享、集约发展，以城乡客运网络衔接顺畅、与其他运输方式有效对接为要求，科学合理制订发展规划，明确发展目标，探索发展模式和路径，狠抓措施落实，稳妥有序推进。

（三）创新机制、市场运作。发展镇村公交，要综合考虑经济社会发展水平和需求特征，统筹城乡交通建设、运营等环节，强化资源整合，兼顾土地、资金、财税、技术等各个方面，充分发挥市场机制作用，最大程度方便群众出行，切实提高城乡公交客运通达深度和覆盖水平。

三、目标任务及总体发展规划

（一）中短期目标

用二年左右时间，加快推进我县城乡道路客运运营模式改革，通过选择部分具备基本条件的线路和中心乡镇进行试点，将传统模式的客运线路改造为镇村公交线路，实行公交化运营，增加发车密度、降低票价，为城乡居民提供优质、便捷、安全的服务，为下一步全面形成以镇村公交为主体的现代公共交通体系、最终实现我县城乡客运一体化的目标打下扎实基础。

1.2016 年

（1）进一步优化 2014 年已开通县城镇村公交线路，视情增加线路、运力、停靠站点和班次。

（2）启动南片乡镇沿线农村道路客运班线公交化改造，先期对县城至凤山石口村城乡客运进行镇村公交化改造运行，票价须在现行基础上至少下降 30%，对 70 岁以上老人实行免费乘坐的服务方式。

（3）以县城为中心，在周边乡镇 10 公里左右范围内开展镇村公交化试点运行，即县城至车头、县城至新龙、县城至上濂等城乡镇村公交线路。

2.2017 年

以孔田镇为中心，以孔田农村公路综合服务站为平台，结合南片乡镇片区现有农村道路客运班线及农村公路条件，首期开通南片乡镇片区公交化运营试点，有机辐射其他乡镇，与原有客运班线无缝对接，切实改善南片乡镇片区群众出行条件。

（二）中长期规划

2018—2020 年，每年对前期已公交化改造的线路进行进一步优化，在此基础上，逐步全面实现全县城乡道路客运公交化运营，具备客车通行条件的中心乡镇全部开通镇村公交，进一步加大县城城区公交、景区公交、工业园区公交的覆盖面和规范化运营水平。

1.2018 — 2019 年：增开多条三百山镇片区镇村公交、景区公交；开通版石镇镇村公交、工业园区公交；

2.2020 年：开通北片等乡镇片区镇村公交。

四、组 织 领 导

成立安远县城乡道路镇村公交发展工作领导小组，由分管交通运输工作的县政府副县长任组长，县交通运输局主要负责人任副组长，由发改委、财政局、公安局、国土局、运管所等部门单位负责人为成员。领导小组下设办公室，设在县运管所，由县运管所主要负责人兼任办公室主任。

五、主 要 措 施

（一）制定详细实施方案

县交通运输局要在认真调查研究、听取各乡（镇）和有关部门意见，结合各乡镇、各线路的实际情况和需求，根据中短期规划和中长期规划，制定详细实施方案、分步骤实施。

1. 科学规划运行线路。镇村公交线路主要以乡镇为单位进行规划，同时充分考虑与全县整体路网、区域性路网的有机衔接，形成功能互补、城乡一体、转乘方便的综合道路公交客运网络。

2. 突出重点区域。立足目前人口相对密集的行政村、正在新建的集中居住点，统筹考虑园区、学校、医院、旅游景区景点等布局，合理确定站点。根据人流量、车流量等因素确定公交主次干道、划分路线等级。

3. 完善配套设施。超前规划和确定公交线路的路、桥、站、亭和车辆投放，同步做好基础设施的建设工作，确保科学、有序实施。

4. 充分考虑城市扩张、工业发展、旅游发展、人口迁移和村庄变迁等因素，使方案具有一定的弹性。

（二）完善城乡客运基础设施建设和管理

1. 积极改善道路尤其是农村公路通车条件。对列入镇村公交线路规划但不符合通车条件的农村公路和桥梁，优先列入改造计划，改造到位后再开通镇村公交。城区道路的规划、建设要充分考虑公交发展的需要，超前规划，合理布局。

2. 加强客运站点和安全保障设施建设。按照路、站、运一体化的要求，在新建或改建农村公路时，加强农村客运站（亭）和安全保障设施建设，做到同步规划、同步建设、同步交付使用。积极改善换乘设施，方便群众出行。

3. 加强基础设施管理。完善已建成的客运站场的配套设施和服务功能，加强基础设施的养护和管理，提高使用效率，为城乡公交全面发展奠定坚实基础。

（三）加强城乡镇村公交线路的经营管理

有关部门要按照相关规定和标准，选择符合我县农村道路、城区道路通车条件的客车。所有线路须实行公司化经营，不得采取转让经营权、挂靠、承包等经营方式。投放车辆须统一车身标识，定线路、定班次、定时间、定站点、定票价，实施标准化、规范化管理、服务。

（四）加大政策扶持力度

1. 建设用地。凡是我县镇村公交发展工作具体方案中确定建设的首末站、停车场、候车亭、换乘点等公交、客运服务配套设施，由县国土部门会同各乡镇优先安排建设用地计划、提供建设用地，按国土部门规定办理相关手续。在乡镇客流集中区域，预留 3 ～ 5 亩的公交换乘枢纽建设用地，中心乡镇的客运站要预留 8 ～ 15 亩建设用地。站场建设用地以行政划拨方式供给。

2. 基础设施建设

（1）公路、桥梁的新建和改造，按照公路建设方面的有关规定和政策执行；

（2）安保工程由县交通运输局和县公路分局根据责任路段分别负责实施。

3. 奖补政策

（1）上级如有城乡公交方面的专项奖补政策，县政府及有关部门将全力落实。

（2）县政府安排县级财政资金对县城镇村公交和公交化改造线路的经营企业给予奖励

补贴和营运补贴，奖补资金和营运补贴纳入县级财政预算。

①营运补贴：采取定额方式给予补贴，在国家燃油补助的基础上，由县财政根据实际补贴；另外按每车每年 3 万元标准再配套公交车燃油费（参照县政府给予城区公交车的补助标准）；

②拨付原则和程序：县交通运输局要以合同的方式约束企业的经营、服务行为，并负责制定具体考核细则，对镇村公交化运营满一年（自镇村公交开通或公交化改造之日起计算）的线路进行年度考核，根据年度考核结果，由县交通运输局会同县财政局提出补贴意见，报县政府审批后由县财政局直接拨付给经营企业。

4. 税费优惠。县级以下镇村公交及公交化改造涉及的客运站场建设收取的相关费用，予以免缴。税收优惠执行国家政策。

（五）切实加强安全管理

1. 加强综合整治，创造良好环境。县安监局、交管大队和县交通运输局协同相关乡镇实施"县管、乡镇包、村落实"的镇村公交安全监管制度，相关部门要按规定加强对镇村公交运营线路进行安全监管，层层落实安全责任制，定期开展安全检查，整治公交线路上的违法行为，及时解决镇村公交在运营中出现的各种矛盾，维护运营秩序，消除事故隐患，确保道路畅通。

2. 严格行业监管，规范经营行为。县交通运输局要充分发挥职能作用，严把"三关一监督"，从严落实"三不进站、六不出站"规定，对客运站必须做到车进站、人归点。从严查处和纠正各类违章行为，提高从业人员的服务质量和服务水平，促进规范经营、文明经营。对违规经营行为必须严肃查处，情节严重的取消其线路经营资格。

六、工作要求

（一）提高认识，加快发展。镇村公交发展事业是一项惠及广大群众的民生工程，也是一项涉及面广、工作内容繁杂的系统工程。加快发展城乡道路客运事业，对于密切城乡联系、促进城乡经济发展等具有十分重要的意义。各乡（镇）政府和各有关部门要进一步提高认识，采取有力措施，把发展城乡道路客运、方便群众出行作为落实民生实事的重要举措摆上重要议事日程，认真抓好抓实、抓出成效。

（二）统筹安排，精心组织。县交通运输部门要结合我县实际，对全县道路客运的发展进行全面规划，加强与有关部门的衔接、协调，确保规划更加科学合理，符合城乡道路客运发展目标的要求，尽可能满足不同群众出行需求。同时，要根据客运网络的规划和发展，加大客运站场、候车亭等配套设施的建设力度。各乡（镇）、有关部门要根据各自职责，解放思想、密切配合，确保我县城乡道路客运公交化发展工作有条不紊地进行。

（三）政策扶持，促进发展。各有关部门、乡（镇）政府应在站场用地、行政规费、税费、行政许可等方面对镇村公交发展给予大力支持、配合，能减则减，能免则免，能简化手续的就简化手续。

（四）严格监管，保障安全。交通运输、公路、交管大队、安监等部门要各司其职、密切配合，确保道路安全、畅通，确保运输安全、有序。交通运输、公安交管等部门要加大联合执法力度，严厉打击非法客运行为，净化客运市场，并加强行业管理，规范客运企业经营行为。教育部门要加强对学生交通安全意识教育，教育学生拒乘非法营运的“黑车”、超载车。

附件 B

安远县统筹整合财政涉农扶贫资金实施方案

安府办字〔2016〕87 号　　　　　　　　2016 年 8 月 19 日

为优化财政涉农扶贫资金供给机制，进一步提高资金使用效益，保障全县集中资源打赢脱贫攻坚战，根据《国务院办公厅关于支持贫困县开展统筹整合使用财政涉农资金试点的意见》（国办发〔2016〕22 号）、《江西省人民政府办公厅关于印发江西省统筹整合财政涉农扶贫资金实施方案的通知》（赣府厅字〔2016〕64 号）和《赣州市人民政府办公厅关于印发赣州市统筹整合财政涉农扶贫资金实施方案的通知》（赣市府厅办字〔2016〕78 号）等文件精神，结合我县实际，特制定本实施方案。

一、总体要求

（一）实施目标。通过统筹整合财政涉农扶贫资金，形成"多个渠道引水、一个龙头放水"的扶贫投入新格局，建立健全涉农资金统筹分配机制、沟通协调机制和信息共享机制，形成统筹整合合力。将涉农资金整合贯穿于资金立项、资金分配、资金使用和资金管理的每一个环节，提升整合实效。聚焦贫困村、贫困户的民生实事，通过统筹整合使用财政涉农扶贫资金，撬动金融资本和社会资金投入扶贫开发，提高投入资金的精准度和使用效益，确保按期完成脱贫攻坚任务。

（二）基本原则

1. 渠道不变，充分授权。对纳入统筹整合范围的财政涉农扶贫资金，五年（2016—2020 年）内省、市仍按照原渠道下达，资金项目审批权限完全下放到县。省、市主要负责政策制定、资金下达和监督考核。

2. 明确方向，统筹使用。各乡（镇）、县直各有关部门根据脱贫攻坚规划和年度脱贫攻坚任务，统筹整合、集中使用财政涉农扶贫资金，统筹安排项目、统一使用资金，并确保资金安全规范使用。

3. 精准发力，注重实效。把财政涉农扶贫资金统筹整合使用与脱贫成效紧密挂钩，资金使用精确瞄准建档立卡贫困人口，突出产业扶贫，着力增强贫困人口自我发展能力，提高贫困人口收入水平，改善贫困人口生产生活条件。

4. 加强协调，强化责任。各有关部门要站在全县发展大局的高度，加强协调，超越部门利益，强化责任，精准指导，积极推动资金整合工作。

二、资金整合范围

中央、省、市及县财政安排用于农业生产发展和农村基础设施建设等方面的资金，全部纳入资金整合范围，具体是：

（一）中央和省级资金：按照《江西省统筹整合财政涉农扶贫资金实施方案》（赣府厅字〔2016〕64 号）确定的项目资金。

中央资金：财政专项扶贫资金、农田水利设施建设和水土保持补助资金、现代农业生产发展资金、农业技术推广与服务补助资金、林业补助资金、农业综合开发补助资金、农村综合改革转移支付、新增建设用地土地有偿使用费安排的高标准基本农田建设补助资金、农村环境连片整治示范资金、车辆购置税收入补助地方用于一般公路建设项目资金（支持农村公路部分）、农村危房改造补助资金、中央专项彩票公益金支持扶贫资金、产粮大县奖励资金、生猪（牛羊）调出大县奖励资金（省级统筹部分）、农业资源及生态保护补助资金（对农民的直接补贴除外）、服务业发展专项资金（支持新农村现代流通服务网络工程部分）、江河湖库水系综合整治资金、全国山洪灾害防治经费、旅游发展基金，以及中央预算内投资用于“三农”建设部分（不包括重大引调水工程、重点水源工程、江河湖泊治理骨干重大工程、跨界河流开发治理工程、新建大型灌区、大中型灌区续建配套和节水改造、大中型病险水库水闸除险加固、生态建设方面的支出）。

省级资金：省财政专项扶贫资金（含以工代赈资金、少数民族发展资金）、新农村建设和农村清洁资金、农业技术应用与公共服务专项（用于基层农业技术服务和农村沼气建设部分）、现代农业专项（用于农民专业合作组织、农业产业、现代农业示范区奖补部分）、林业资源保护（不含生态公益林补偿部分）、林业产业发展（用于油茶产业和林业特色产业发展部分）、水利专项（用于水土保持重点建设工程和小型农田水利建设部分）、革命老区转移支付补助、赣南等原中央苏区转移支付、扶贫县农业综合开发省级配套资金、易地扶贫搬迁资金、赣南原中央苏区和罗霄山连片特困地区基础设施扶贫项目资金、新增建设用地土地有偿使用费安排的高标准基本农田建设补助资金、农村危房改造资金，以及省级预算内投资用于"三农"建设部分（不包括重大引调水工程、重点水源工程、江河湖泊治理骨干重大工程、跨界河流开发治理工程、新建大型灌区、大中型灌区续建配套和节水改造、大中型病险水库水闸除险加固、生态建设方面的支出）。

（二）市级资金：按照《赣州市统筹整合财政涉农扶贫资金实施方案》（赣市府办字〔2016〕78号）确定的项目资金。

市级资金：市级扶贫专项资金、农村公路建设扶贫资金、示范镇建设资金、新农村建设市级配套资金、农村生活垃圾专项治理奖补资金、农业发展专项（柑橘黄龙病防控、果业发展）、林业发展专项（油茶产业发展）、水利专项（农村饮水安全市级配套、国家水土保持重点建设工程市级配套）、农业综合开发土地治理市级配套资金以及市级预算内投资用于"三农"建设部分（不包括重大引调水工程、重点水源工程、江河湖泊治理骨干重大工程、跨界河流开发治理工程、新建大型灌区、大中型灌区续建配套和节水改造、大中型病险水库水闸除险加固、生态建设方面的支出）。

（三）县级资金：新农村建设资金（含农村清洁工程资金）、农田水利资金、财政扶贫资金、果业发展资金、农村公路建设资金等。

三、资金整合使用方向

根据省、市统筹整合财政涉农资金项目，我县2016年计划整合资金64780万元（主要以2015年到位资金为基数，确定今年资金整合计划，实际整合资金以2016年到位资金为准，并进行相应调整），涉及县扶贫和移民办、发改委、财政局等15个部门单位，按照县全力打赢精准脱贫攻坚"十个工程"重点项目，确定今年资金整合使用方向和实施项目，具体为：

（一）县扶贫和移民办：计划整合资金34348万元，其中产业扶贫资金2000万元用于产业扶贫贷款贴息1200万元、光伏扶贫补贴500万元、扶贫产业补助300万元，村庄整治建设资金1760万元整合用于70个重点村村庄整治（10个脱贫重点村每个安排100万元，3个重点自然村组每个60万元），易地扶贫搬迁集中安置资金30000万元用于移民安居工程。

（二）县发改委（以工代赈办）：计划整合资金 729 万元，用于贫困村基础设施建设。

（三）县财政局：计划整合资金 4073 万元，其中革命老区转移支付资金 1090 万元用于濂江河两岸改造工程—西路段建设，赣南苏区转移支付资金 2983 万元用于农村土坯房基础设施建设 1000 万元、贫困村产业基础设施建设（秀美乡村）300 万元、农村义务教育标准化建设 663 万元、三百山改造二期工程 520 万元、横三路和安远人行道改造工程 500 万元。

（四）县水利局：计划整合资金 5304 万元，其中小型农田水利资金 500 万元整合用于农业科技示范园扶贫产业基地建设，500 万元用于贫困村小型农田水利建设，江河湖库水系综合整治资金 4062 万元用于嘛斜水库 880 万元、艾坝水库 3182 万元，山洪灾害防治经费 42 万元用于农业科技示范园建设，县本级安排的小型农田水利资金 200 万元用于农业科技示范园扶贫产业基地建设。

（五）县水保局：计划整合资金 800 万元，用于官溪村、老围村等两个贫困村基础设施建设各 150 万元，用于水土保持科技园（东江源森林公园）建设 300 万元，用于龙布镇迳背村小流域综合治理 200 万元。

（六）县果业局：计划整合资金 835 万元，其中现代农业发展资金 350 万元用于果业、蔬菜等农业产业建设奖补，县本级安排的果业发展资金 485 万元用于黄龙病防控、扶贫产业补助。

（七）县农粮局：计划整合资金 900 万元，资金整合用于蔬菜等农业产业建设奖补、扶贫产业基地建设。

（八）县林业局：计划整合资金 540 万元，整合资金用于油茶、毛竹、百香果、猕猴桃等扶贫产业补助。

（九）县农发办：计划整合资金 2210 万元，资金整合用于农业科技示范园扶贫产业基地及贫困村基础设施建设（含供销对接项目）。

（十）县国土局：计划整合资金 1168 万元，整合 981 万元用于镇岗乡老围村标准农田及旅游扶贫建设，其余 187 万元用于凤山等乡镇标准良田建设。

（十一）县交通运输局：计划整合资金 8376 万元，资金整合用于“五网”畅通工程和道路建设。

（十二）县委农工部：计划整合资金 3017 万元，其中新农村建设省市补助资金 1142 万元用于贫困村秀美乡村建设，农村清洁资金 130 万元用于农村清洁工程，县财政预算安排的农村垃圾治理资金 1500 万元用于农村清洁工程，县财政预算安排的新农村建设资金 500 万元用于秀美乡村建设。

（十三）县电商办：计划整合资金 1150 万元，资金整合用于电商扶贫、电商人员业务知识培训、品牌创建及“创新创业”示范基地创建。

（十四）县供销社：计划整合资金 60 万元，资金整合用于农村现代流通体系建设。

（十五）县城建局：计划整合资金 1270 万元，资金整合用于移民安居工程（农村危房改造）。

各部门单位要加强沟通协调，对资金已到位到但未确定整合使用用途的，应尽快拟定项目计划报县扶贫开发领导小组审批，加快资金的统筹整合使用。

四、统筹项目立项和审批

对纳入统筹整合使用范围的财政涉农资金，中央和省、市级有关部门仍按照原渠道下达，资金项目审批权限完全下放到县级政府。县扶贫开发领导小组确定财政涉农资金使用用途、管理和监督。

（一）加强规划衔接。县发改、扶贫部门要牵头组织、科学完善脱贫攻坚规划，按照脱贫攻坚的要求及时调整完善相关专项规划，实现脱贫攻坚规划与部门专项规划的有效衔接。部门专项规划与脱贫攻坚规划不一致的，原则上优先实施脱贫攻坚规划。

（二）科学制定整合方案。县涉农部门根据上级资金到位情况，结合我县脱贫攻坚规划和相关专项规划，提出年度项目计划，报县扶贫开发领导小组审议。县扶贫开发领导小组依据上报年度项目计划，结合我县年度精准脱贫攻坚目标任务，提出全县统筹整合财政涉农扶贫资金实施方案，报县政府常务会议、县委常委会议集体讨论通过后实施。

（三）做好项目上报备案。项目实施单位密切与项目主管部门的联系，编制和完善项目预算，并将资金使用计划报项目主管部门备案。县有关部门要加强与上级部门的对接汇报，将县政府批复项目以正式文件报省市有关部门备案。

五、工 作 要 求

（一）强化组织保障。成立由政府主要领导任组长，分管领导任副组长，县财政局以及相关涉农部门单位主要负责人为成员的统筹整合财政涉农扶贫资金协调领导小组，领导小组办公室设在县财政局，由县财政局主要负责人兼任办公室主任。建立定期联席会议机制，协调资金和项目安排，及时解决整合过程中出现的困难和问题，确保资金整合各项措施落实到位。各部门单位要高度重视，全面落实好“一把手”主体责任，协调资金和项目安排，明确工作责任，确保资金整合各项措施落实到位。要加强与省、市有关部门的沟通协调，共同推进财政涉农资金统筹整合工作。

（二）明确部门职责。根据“渠道不变，统筹使用”原则，资金审批和拨付流程不变，资金监管职责不变，即资金来源部门要加强对资金项目的业务指导和资金使用监督，确保各项财政涉农扶贫资金规范安全使用。

（三）严格项目实施。财政涉农资金统筹整合使用后，资金监管与项目实施主体进行分离，项目实施单位要接受资金监管部门的指导和监督，按照监管部门要求认真组织项目实施，项目资金的使用既要符合资金使用管理要求，又要符合我县的精准脱贫攻坚目标要求。

（四）加强经费保障。县财政安排专项资金，切实保障有关部门项目规划和申报等工作经费，顺利推进财政涉农扶贫资金统筹整合工作。

（五）严格资金监管。贫困村第一书记、驻村工作队、村委会要深度参与涉农扶贫资金和项目的管理监督。监察、审计、财政等部门要加大审计和监督检查力度，并对监管职责落实情况进行跟踪问效。探索引入第三方独立监督，引导贫困人口主动参与监督，构建多元化资金监管机制。对不作为、乱作为等行为，严肃追究相关人员责任。

安远县深入开展货运车辆超限超载治理工作方案

安府办字〔2016〕95 号　　　　2016 年 9 月 4 日

为深入开展我县货运车辆超限超载治理工作（以下简称治超工作），进一步完善治超工作机制，强化治超工作力度，巩固和扩大治超成果，切实保障公路安全畅通，维护人民群众生命财产安全，根据《中华人民共和国公路法》《公路安全保护条例》《江西省公路条例》和《赣州市人民政府办公厅关于印发赣州市深入开展货运车辆超限超载治理工作方案的通知》（赣市府办字〔2016〕60 号）等有关法律法规和文件要求，结合我县实际，制定以下工作方案。

一、目标任务

从 2016 年 8 月起至 2017 年 6 月，在全县范围内开展集中治超行动，综合运用法律、行政、经济等手段和各种科技措施，重点实施路面治超，严格监管货源单位和涉车企业，规范执法行为，加强执法监督，严格依法行政。通过努力，将全县治超站点路段车辆超限超载率控制在 1% 以内，促使治超长效机制健全巩固、治理能力和水平明显提高、货运市场环境更加有序、道路安全形势持续好转。

二、工作步骤

（一）新站选址与治超机构组建阶段（2016 年 8 月至 2016 年 9 月）。结合本县路网结构和车流量情况，及时做好新站选址工作，按时上报市治超办。县治超站拟为Ⅱ类治超站，为正科级全额拨款行政执法单位，执法人员配备 19 人（含交警 3 人）。治超站拟设置在 S223 石镇线 K582+400 处（红光村村委会旁）。治超站建成之前，开展临时流动治超，流动治超人员由交管大队 3 人、交通运输局 4 人、公路分局 4 人组成。

（二）动员部署阶段（2016 年 9 月）。召开全县深入开展货运车辆超限超载治理工作会议，动员部署全县集中治超工作，并发布通告。相关部门根据工作需要，制定本部门落实职责的工作安排和要求，部署本部门、本系统开展集中整治行动。

（三）集中治理阶段（2016 年 10 月至 2017 年 5 月）。按照上级要求，组织开展超限超载集中整治行动，督促有关载货车辆管理单位、运输企业、驾驶员和货运源头单位开展自查自纠。超限超载整治行动分为两个阶段，治超站建成前开展流动治超，治超站建成后由治超站开展长期固定治超。

（四）总结提高阶段（2017 年 5 月至 2017 年 6 月）。总结经验，研究探索建立健全长效治理机制的途径和做法，转入长效治理阶段。

三、工 作 重 点

（一）路面治超管理（2016 年 10 月至 2017 年 6 月）。组织县交通运输、公路、公安等部门全面进驻治超站点，开展治超联合执法工作。坚持以固定治超站点为依托，在重点区域、重点路段、重点时段进行流动治超，交通运输、公安等部门要安排执法人员值守，利用移动检测设备进行检查。经检测认定的超限超载车辆，要就近引导至公路超限检测站或者交通运输主管部门、公路管理机构指定的场所进行处理。对短途驳载、避站绕行、车托带车、夜间偷运等逃避检查的行为要依法从严从重处理。对故意堵路、强行冲关、破坏设施、聚众闹事、阻碍执法、暴力抗法等严重违法行为，要依法从严从快打击，确保正常的治安环境和交通秩序。

（二）货源单位管理（2016 年 10 月至 2016 年 11 月）。交通运输、公路、国土、矿管、城管、水利、商务、市监、安监等部门要对货源单位进行排查，全面掌握货源单位情况。要将货运量大、车辆流量多、容易发生超限超载的工程建设渣土、煤炭、水泥、采矿及加工（木材、砂、石、土等）、货运场站、物流园区等货源单位确定为重点监管单位，按照科学合理、稳步推进的原则，分期分批在新闻媒体、政府网站等予以公布。相关职能部门要成立联合执法机构，采取驻点检查、日常巡查、技术监控和接受投诉举报等措施，督促货源单位落实车辆合法装载主体责任，确保超限超载车辆不出厂（站、场、矿等）上路。对超限超载情况严重的货源单位，应认定为存在重大安全隐患，按照《中华人民共和国安全生产法》有关规定进行处理。

（三）涉车企业管理（2016 年 10 月至 2016 年 11 月）。对生产和销售拼装、非法改装车辆、利用报废汽车“五大总成”以及其他零配件拼装汽车或者出售报废汽车整车等违法行为，市监部门要坚决依法查处，对已取得营业执照的企业，依法吊销营业执照，对无照经营的，坚决予以查封。交通运输、公路、公安、交管等部门在查处、超限超载车辆时，发现拼装、非法改装情形的，应依法查扣车辆，并按各自职权进行处罚，同时追踪车辆拼装、非法改装的源头，将相关线索通报市监管部门。道路运输管理部门要对货运企业加强监管，深入开展道路货运市场“打非治违”活动，从严整治非法营运、非法改装车辆营运等扰乱市场秩序的行为，对累计多次存在超限超载记录的货运车辆、货运企业及货运车辆驾驶员，严格按照《公路安全保护条例》《中华人民共和国道路运输条例》有关规定进行处理。

四、工 作 原 则

（一）统一行动，全面推进。按照“普通公路站点执法监管、农村公路限宽限高保护”的原则，全县统一开展治超行动，强化源头监管，突出路面治超，最终形成“源头管、路面查、追踪罚”的全程治超格局，逐步实现全县治超工作常态化。

（二）统一标准，依法行政。车辆超限超载的认定标准按照交通运输部、公安部、国家发改委《关于进一步加强车辆超限超载集中治理工作的通知》（交公路发〔2004〕455 号）等有关规定执行。车辆拼装、非法改装的认定标准按照国家颁布的有关规定执行。对超限超载等违法行为的处罚，严格按照法律法规规章的规定及行政处罚自由裁量权的标准执行。对超限运输不可解体、鲜活农产品和危险化学品的车辆，按照国家有关规定处理。

（三）统一规定，严管重罚。本次集中治超行动以“全覆盖、零容忍、严执行、重实效”为总要求，实行“六严禁八到位”。“六严禁”是：严禁销售拼装、非法改装车辆，严禁拼装、非法改装车辆载货营运，严禁货源单位超限超载装载，严禁超限超载车辆上路行驶，严禁逃避执法、暴力抗法等违法行为，严禁执法不作为、慢作为、乱作为，以罚代管、失职渎职。“八到位”是：对超限超载等违法行为处罚到位，对超限超载货物卸载到位，对违法驾驶人员记分到位，对非法改装车辆恢复到位，对车辆拼装、非法改装窝点追踪到位，对违法货源单位整顿到位，对累计多次超限运输的货运企业、车辆等处理到位，对治超工作不力的部门问责到位。

五、职责分工

（一）县交通运输、公路部门。负责组织协调全县治超工作。公路管理机构负责对全县治超站点的设置进行布局和申报，对超限超载运输车辆进行依法查处，加强固定治超站与流动治超等工作的组织协调，将超限超载运输的车辆、驾驶员信息通报道路运输管理机构、公安交管部门。道路运输管理机构负责严把货物运输企业、货运站（场）及道路运输从业人员的市场准入关，依法对本县货运站（场）经营行为进行监管；建立健全“黑名单”管理制度，对货运车辆、驾驶员、道路运输企业的超限超载情况进行取证记载。依法对 1 年内违法超限运输超过 3 次的货运车辆，吊销其车辆营运证；对 1 年内违法超限运输超过 3 次的货运车辆驾驶人，责令其停止从事营业性运输；道路运输企业 1 年内违法超限运输的货运车辆超过本单位货运车辆总数 10% 的，责令道路运输企业停业整顿；情节严重的，吊销其道路运输经营许可证，并向社会公告。

（二）县公安部门。负责维护治超站点及路面执法的治安秩序，依法查处阻碍执行等违法犯罪行为。依法严厉打击治超工作中纠集聚众、蓄意占道、恶意堵车、野蛮闯关、破坏治超检测站（点）设施、以威胁恐吓手段强迫治超人员放行超限超载车辆等暴力抗法行为，构成犯罪的，依法追究刑事责任。

（三）县交管部门。负责加强车辆登记管理，对不符合机动车标准的车辆不予登记和发放车辆号牌，并将相关信息抄告工信、市监部门；配合维护治超检测站点的交通秩序；依托治超站点组织交警开展路面执法，依法查处交通违法行为，对发现的超限超载运输车辆驾驶员进行记分处罚；对发现的非法改装、拼装车辆依法查处并责令恢复车辆原状，并依法给予相应处罚；对发现的非法拼装车辆，依法予以查扣并强制报废。

（四）县发改部门。负责指导、监督收费政策执行；负责对新建治超站立项审批工作。

（五）县工信部门。负责监督、检查汽车生产企业及产品，配合市监管部门对非法生产企业及销售非公告车辆和违规拼装、改装车辆实行黑名单管理，并定期向社会公告。

（六）县财政部门。负责落实治超站点建设县级配套资金，保障治超工作经费，加强资金使用监督管理；监督落实罚缴分离、收支两条线管理；加强收费和罚没收入、票据管理等。

（七）县市监管部门。负责查处拼装、非法改装汽车涉及企业等。对治超工作所需的检测设备依法实施计量检定，对从事改装、拼装车辆生产企业的生产场所及标准执行情况进行检查。

（八）县安监部门。负责会同有关部门对因超限超载运输发生的事故进行调查处理，依法追究相关单位和人员的责任等。

（九）县政府法制部门。负责配合有关部门研究、起草相关规范性文件，依法办理相关行政复议案件等。

（十）县国土部门。负责对货物集散场所土地使用情况加强监管，依法查处违规行为；负责治超站点建设用地手续报批。

（十一）县矿管部门。负责加强对矿山企业的监督管理，会同有关部门依法取缔非法采矿企业；监督矿山企业依法组织运输。

（十二）县城市管理部门。加大建筑工地治超的源头监管，重点查处遗撒、滴漏、带泥上路等污染城市道路的行为，配合相关职能部门查处超限超载行为。

（十三）县水利部门。负责加强对河道采砂活动的日常监督管理，依法打击非法采砂行为，配合相关职能部门依法查处砂石超限超载运输行为。

（十四）县宣传部门。负责组织协调新闻媒体做好超限超载治理工作的宣传报道，加强舆论监督，加大对恶意堵车、阻碍执法、对治超执法人员进行人身伤害等典型事件的曝光力度。

（十五）县组织人事部门。负责治超站人员的调配。

（十六）县编制部门。负责解决治超站人员的编制。

（十七）版石镇。负责组织协调治超站征地等相关工作。

六、工 作 要 求

（一）完善工作机制。调整和完善现有治超领导机制，由县委、县政府分管领导任县治超领导小组正、副组长，相关单位主要负责同志为成员，领导小组下设办公室在县交通运输局。建立联席会议协调机制，定期召开联席会议，汇总和通报有关情况，协调解决有关问题和矛盾。

（二）加快设施建设。2017 年 6 月前完成新建治超站点建设和治超机构组建工作。统一配置移动治超检测车，形成全县覆盖、重点管控、全时执法的治超站点网络。大力推进科技治超，在重点运输通道、重大公路基础设施、重要路段等节点设置车辆超限超载动态监测系统，在重点监管的货源单位，设置实时监控等设施设备，完善监控网络。

（三）强化经费保障。原则上新建治超站点每站省补资金 300 万元，治超车省补资金 50 万元，不足部分由县财政统筹解决。我县治超站建设不超过 400 万元（含征地补偿费等相关费用），流动治超车费用、静态检测称重设备费用、治超设备费用、执法人员办公经费、执法人员工资等费用待赣州市下发统一标准后，由县治超站会同县财政等部门研究提出本级治超工作经费安排计划，经批准后纳入本级财政预算保障。按照国、省有关标准和要求，落实与治超任务相适宜的执法人员及装备设施，保障治超工作各项支出，确保治超工作顺利开展。

（四）强化督查指导。县政府将采取定期和不定期、明察与暗访相结合的方式，对全县各部门各乡镇治超工作开展情况进行督查和通报。将农村公路治超工作开展情况与交通项目实施计划、补助资金挂钩。对治超工作组织实施不到位、考核不达标的，按照“谁管辖、谁负责，谁主管、谁负责，谁许可、谁负责”的原则，严格责任追究。

（五）加大宣传力度。各相关部门要深入乡镇、村居、企业、厂矿等开展全方位、多形式的宣传，使治超工作家喻户晓，政策措施众所周知。

附件 D

安远县创建“四好农村路”全国示范县实施方案

安办字〔2017〕44 号　　　　　　　　　　　　　2017 年 3 月 9 日

为加快推进我县农村公路“建、管、养、运”协调可持续发展，根据交通运输部《关于推进“四好农村路”建设的意见》(交公路发〔2015〕73 号)、省交通运输厅《关于开展全省“四好农村路”建设督导调研工作的通知》(厅办字〔2016〕80 号)和市交通运输局《关于印发推进“四好农村路”建设实施方案的通知》(赣市交字〔2016〕61 号)要求，结合我县实际，制定本实施方案。

一、总 体 要 求

(一)指导思想

深入贯彻落实习近平总书记对农村公路建设的重要指示精神，围绕“建设好、管理好、养护好、运营好”农村公路的总目标，紧紧抓住交通运输部和省交通运输厅对口支援我县契机，全力推进农村公路快速发展、提质增效，为我县“决战脱贫攻坚，决胜全面小康”，加快建设开放富裕平安秀美新安远提供坚强的交通运输保障。

(二)工作目标

2017 年，实施县道升级改造 6 条、65.4 公里，进村主干道 43 条、127.7 公里，危桥改造 21 座，新建农村交通服务站 16 个、候车亭 31 个，力争建成全国“四好农村路”示范县。到 2020 年，实现农村公路路网结构明显优化，通畅水平明显提高，建设质量明显提升，安全条件明显改善，县乡道路养护全覆盖，农村客运和物流服务体系健全完善，城乡交通运输客运一体化。

——建设好。高标准、高质量完成农村公路年度建设计划任务，新改建农村公路满足等级公路技术标准，并同步建设错车道、路肩、排水和防护设施。其中，进村主干道、特色产业道路、资源路路面宽度不少于 4.5 米，路基宽度不少于 5.5 米；旅游道路路面宽度不少于 5 米，路基宽度不少于 6 米。到 2020 年，县道 100% 通过升级改造达到三级公路标准，乡道全面实现四级公路标准，全县现有 47 座危桥全面修建完毕，现有县乡道安全隐患治理率达到 100%，新改建农村公路一次交工验收合格率达 100%，农村公路安全防护设施逐步提升，杜绝发生特别重大安全生产事故或重大质量事故。

——管理好。建立区域与公路线路相结合的“路长制”管理体系，由各乡（镇）党委书记担任总路长，乡（镇）长担任路长，其他班子成员为副路长。各乡（镇）境内所有农村公路（含县道、乡道、村道）全部实行“路长”负责制，各责任人员在“路长制”组织体系架构下，落实“路长制”工作责任。加强农村公路法制和执法机构能力建设，完善农村公路保护设施，制定爱路护路乡规民约、村规民约。加大路域环境整治，全面清理公路用地红线范围内乱搭乱建、占道堆放及非公路标志，确保交通安全畅通，路面整洁、无杂物，边沟排水通畅、无淤积、堵塞。到 2020 年，县、乡农村公路管理机构运行经费全部纳入县级财政预算，基本建立“县有路政员、乡有监管员、村有护路员”的三级路产路权保护队伍，农村公路全部实现“路田分家、路宅分家”，打造“畅、安、舒、美”的通行环境。

——养护好。建立健全“县为主体、行业指导、部门协作、社会参与”和“路长制”相结合的养护工作机制，充分发挥乡村两级和村民的作用。建立养护质量与计量支付相挂钩的工作机制，将日常养护经费和人员作为“有路必养”的重要考核指标，真正实现有路必养、养必到位。到 2020 年，农村公路养护经费全部纳入县财政预算，并建立稳定的增长机制，满足养护需求，确保等级公路列养率达到 100%，经常性养护率达到 100%，优、良、中等路的比例不低于 75%，路面技术状况指数（PQI）逐年上升。

——运营好。坚持“城乡统筹、以城带乡、城乡一体、客货并举、运邮结合”总体思路，积极推进城乡客运一体化建设，加快完善农村公路运输服务网络。进一步优化乡际客运线路，满足群众出行需求。加快推进农村客运站点（招呼站）建设，与新改建农村公路项目同步设计、同步建设、同步交付使用。到 2020 年，实现全县县乡公路均建有农村交通服务站，进村主干道均有候车亭，城乡客运一体化发展水平达到 3A 级以上，建成覆盖县、乡、村三级的物流网络。

二、主要任务

（一）建设好农村公路，全面优化路网布局

1. 强化统筹规划。结合秀美乡村建设，积极推进旅游路、产业路、资源路改造建设，重点打造东生围、三百山风景区、赣南脐橙物流园、现代农业产业园等旅游产业、特色产业道路，充分发挥交通基础性、先导性作用。（责任单位：县交通运输局、发改委、国土局、旅发委、林业局、环保局、农粮局、三百山景区管理局、农工部、供销社、各乡〈镇〉）

2. 严格建设标准。新改建农村公路必须严格执行建设标准，路面宽度达 4.5 米及以上，并同步建设交通安全、排水和生命安全防护设施，确保“建成一条、达标一条”。认真贯彻落实“三同时”制度，严格做到完工项目的生命安全防护工程与主体工程同时设计、同时施工、同时验收。（责任单位：县交通运输局、发改委、城建局、国土局、林业局、环保局、水保局、矿管局、财政局、审计局、公共资源交易中心、各乡〈镇〉及各杆线单位）

3. 加强建设监管。强化建设市场监管和质量、安全督导，严格执行农村公路建设“七公开”制度：即公开建设计划、建设资金来源，补助标准及数额，招标过程，施工过程管理，质量监督，交（竣）工验收，建设资金使用等 7 项内容，加强行业监管，接受社会监督。（责任单位：县交通运输局、政府办、发改委、财政局、审计局、安监局、监察局、各乡〈镇〉）

（二）管理好农村公路，着力促进提质增效

1. 全部实行“路长”负责制。各责任人员在“路长制”组织体系架构下，落实“路长制”工作责任。在“总路长”的总指挥调度下，“路长”“副路长”切实履行好管养工作职责，及时安排人员和资金对责任路段进行管理养护，从而形成横向到边、纵向到底的多层级、全领域联动监督协管的管理格局。（责任单位：县交通运输局、各乡〈镇〉）

2. 加强依法治路。各乡（镇）政府要组建行政村“建管养”理事会，对公路建设、养护、管理进行监督，对破坏路产路权行为进行制止，建立县有路政员、乡有监管员、村有护路员的县乡村三级路产路权保护队伍。加强对农村公路超限超载车辆整治，大力查处违法超限运输及各类破坏、损坏农村公路设施等行为。乡（镇）交通管理站具体负责辖区内的农村公路路产路权保护工作，确保农村公路超载超限治理规范有序，用地确权工作有序推进，乡村道限高限宽设施齐全，爱路护路的乡规民约、村规民约完善。(责任单位：县交通运输局、交管大队、公安局、公路分局、市监局、工信局、矿管局、各乡〈镇〉)

3. 整治路域环境。结合乡村卫生环境整治工作，实施路田分家、路宅分家，扎实推进美丽乡村公路建设。加大部门联合整治力度，开展农村公路路域环境整治工作，特别是确保穿村路段乱堆乱放得到有效治理，公路上无集贸市场、摆摊设点、打场晒粮等现象，公路控制区内无违法建筑，全面清理公路用地红线范围内的乱堆乱放、占道堆放及非公路标志。(责任单位：县交通运输局、农工部、城建局、农粮局、市监局、环保局、各乡〈镇〉)

(三) 养护好农村公路，切实保障安全畅通

1. 创新养护机制。将县道公路按属地管理原则下放到乡（镇）进行管养，建立以乡（镇）为主体的农村公路管养体制，并把农村公路养护与农村环境卫生治理和美丽乡村建设有机结合，做到机构、人员、职责、资金“四落实”，切实提高养护成效。积极探索农村公路养护就业扶贫新模式，2017 年全县安排 200 名建档立卡贫困户从事农村公路养护工作，助推贫困群众脱贫致富。(责任单位：县交通运输局、农工部、城建局、扶贫和移民办、财政局、各乡〈镇〉)

2. 创建养护示范路。所有农村公路要严格按照路基稳定无垮塌、路面平整无坑槽、路沿整洁无遮挡、桥涵通畅无淤塞、路产完好无损毁、环境优美无垃圾、路面通畅无堆占、控区严管无搭建的“八无”标准进行养护。同时，各乡（镇）至少要选择境内 2 条以上农村公路打造为养护精品示范路，充分发挥精品示范路的典型引领作用。(责任单位：县交通运输局、各乡〈镇〉)

3. 保障养护成效。严格执行《安远县农村公路养护实施方案》(安府办字〔2017〕53 号)，将农村公路养护作为重要工作列入年度综合考核，确保养护成效；建立养护质量与计量支付相挂钩的工作机制，每月对农村公路养护情况进行督查考核，根据各乡（镇）考核结果发放养护资金；加强农村公路监管，确保县乡道路养护全覆盖，做到有路必养、养必到位。(责任单位：县交通运输局、县委办、政府办、财政局、各乡〈镇〉)

(四) 运营好农村公路，大力提升服务水平

1. 发展城乡公交。优化整合城乡公共客运资源，推进城乡客运公交化运营，在凤山、镇岗、三百山、孔田、鹤子、欣山、车头、新龙、高云山、版石等具备开通条件的乡（镇）逐步开通城乡公交。积极稳妥推进镇村公交发展，在凤山、镇岗、三百山、孔田、

欣山、车头、版石等乡（镇）开通镇村公交，逐步提升服务广度和深度，满足群众出行需求，推动城乡客运一体化发展。（责任单位：县城投集团、交通运输局、安监局、交管大队、发改委、财政局、各乡〈镇〉）

2. 加强联合审核。建立健全政府主导，交通、公安、交管、公路、安监和涉及乡镇政府等部门协同参与的农村客运班线联合审核机制。对新增农村客运班线，严格对照规则进行审核，科学合理确定客车车型、站点设置、通行时段和运行限速等要求，尽可能满足贫困村通行客运的要求。同时，加快淘汰老旧农村客运车辆，全面提升客车性能。强化司乘人员的安全培训和服务意识，提高从业人员素质和服务水平。（责任单位：县交通运输局、公安局、交管大队、安监局、公路分局、各乡〈镇〉）

3. 打造农村物流。以农村交通服务站为平台，深入推进"交通 + 电商"、"交通 + 快递"融合发展，大力推进县、乡、村三级物流站场网络基础设施建设，健全完善县、乡、村三级物流体系。积极推进客运班车发展小件快运服务，按照"多站合一、资源共享"的模式，推广货运班线、客运班车代运邮件等农村物流组织模式。（责任单位：县交通运输局、邮政局、供销社、电商办、各乡〈镇〉）

三、实施步骤

（一）宣传发动阶段（2017 年 4 月—6 月）。根据示范县创建要求，对全县农村公路进行全面细致的排查，制定实施方案，组织开展农村公路专题宣传活动，展示全县农村公路发展成效。加强业务培训，组织一次全县交通工程质量监督业务培训，统一创建认识，明确创建标准及要求，提高创建成效。

（二）集中创建阶段（2017 年 7 月—11 月）。针对工作任务积极有序推进实施，各参与创建单位要强化责任意识，安排专人负责，确保工作质量。同时，要加强检查调度，及时汇报解决实施过程中出现的问题与困难，努力实现农村公路"建好、管好、护好、运营好"的总体要求。

（三）自查迎检阶段（2017 年 12 月）。实施过程中，根据进度稳步推进，加强日常管理，保证创建效果。对发现不足的进行整改完善；收集整理相关资料，对示范县创建工作进行总结，形成经验示范文件，并向上级部门提出验收申请，认真总结创建经验，形成完整资料，迎接检查验收。

四、保障措施

推进“四好农村路”建设是“十三五”期间农村公路工作的核心任务。全县上下要高度重视，采取有效措施，精心组织，做到“五个坚持，五个确保”：坚持政府主导，确保农村公路发展责任落实到位；坚持改革创新，确保提质增效升级迈上新台阶；坚持民生优先，确保如期实现全面建成小康社会的战略目标；坚持协调发展，确保“四好农村路”取得显著成效；坚持安全绿色，确保农村公路走可持续发展道路。

（一）加强组织领导。成立“四好农村路”示范县创建工作领导小组，负责创建工作的统一部署和重大事项的协调工作。县直相关部门和各乡（镇）要按照职责分工，落实工作责任，分解工作任务，细化建设目标，充实工作力量，落实资金、人员等保障措施，全力支持配合“四好农村路”示范县创建工作，确保顺利完成“四好农村路”创建各项工作目标。

（二）明确主体责任。各乡（镇）为本辖区内农村公路的管养责任主体，落实管养职责，压实工作责任。各乡（镇）党政主要负责人为第一责任人，分管领导为主要责任人，各乡（镇）交通管理站站长为直接责任人，建立形成一级抓一级，层层抓落实的强有力工作格局，有力确保农村公路有路必养、养必到位。

（三）落实资金保障。建立以财政投入为主，多渠道筹措为辅的农村公路建设资金保障机制，以及根据物价增长、通车里程和政府财力增加等因素的养护资金增长机制。将县级公路管理站、县交通质量监督站和乡（镇）交通管理站经费纳入财政预算，落实人员编制和经费保障。充分发挥上级补助资金的引导和激励作用，利用国家交通运输部对口支援帮扶政策，做好县、乡道路升级改造建设；整合县级各部门涉农资金用于进村主干道项目、危桥改造、安保设施建设和农村公路日常养护、季节性养护奖补、水毁抢修等。县财政按照 3 万元 / 年・辆的标准给予城乡公交运营补贴，推进城乡公交一体化工作。同时，为保障养护工作顺利开展，从 2017 年起，县财政每年安排 4 万元 / 镇、3 万元 / 乡的工作经费给各乡（镇）交通管理站，并建立考核机制，由县交通运输局出台考核办法负责具体考核，工作经费根据考核结果进行拨付。

（四）加强监督考核。建立常态化督查通报机制，实行每半月一督查、每月一通报。按照“四好农村路”建设的各项工作目标和任务完成情况，组织年终考核，将考核结果纳入到县委、县政府年终目标责任考核范围，对目标任务完成较好的乡（镇）予以表彰奖励，建制镇和建制乡前三名分别奖励 8 万元、6 万元、5 万元；对工作落实不力，未完成目标任务的部门单位、乡（镇）和相关责任人予以通报批评。

附件 E

安远县农村公路管理养护实施方案

安府办字〔2017〕53号　　　　2017年4月18日

为规范我县农村公路养护管理，理顺农村公路管养工作体制，切实巩固农村公路建设成果，根据交通运输部《农村公路养护管理办法》《江西省公路条例》规定，结合我县农村公路管养实际，制定本实施方案。

一、管养范围

农村公路管养范围为县道和乡村道。县道是指除国道、省道以外的县际间公路，以及连接县人民政府所在地与乡（镇）人民政府所在地及乡际间公路；乡村道是指除县道及县道以上等级公路以外连接乡（镇）人民政府所在地与建制村公路、改造后的沥青路面公路、连接建制村与建制村之间的公路。全县农村公路养护里程共计944.9公里，其中县道207.7公里，乡村道737.2公里（含沥青路面进村主干道144.公里）。

二、目标任务

（一）创新管养机制。全面推行“路长制”管理模式，建立以乡（镇）为农村公路管养责任主体的体制，做到机构、人员、职责、资金“四落实”，明确管养责任，提高管养成效。

（二）实现全面管养。通过政府购买公益性岗位结合农村生活垃圾专项治理和精准扶贫工作，按公路养护里程数合理配备公路养护员，实行公路养护全覆盖。县道原则上按每4公里配备1名养护工人，乡村道原则上按每5公里配备1名养护工人，全县安排200名农村公路养护人员。

（三）创建养护示范路。乡（镇）在实施农村公路管养过程中把沥青路面的进村主干道作为乡村示范路重点进行养护管理。

三、管养内容

（一）日常养护应达到的基本要求。保持路面整洁，排水通畅，路面与路肩分界清晰顺直，路基、边坡稳定，路肩、边坡植被修剪整齐，桥涵等构造物完整无缺。沥青路面养护重点是及时清理滴漏路面的机油（润滑油）、严禁履带式机械通行、进村路口上设立限高限宽装置、逐步完善沿线安保设施及标牌标线。

（二）季节性养护重点。清理水沟、桥涵淤积，达到排水顺畅；做好公路安全隐患的排查防治和路边杂草的清除；对路面病害进行整修；对公路沿线路容路貌进行整治。

（三）应急抢修。做好农村公路地质灾害防治、水毁修复等工作，确保公路安全畅通。

四、资金管理

（一）资金来源。由县财政统筹500万元作为农村公路养护资金，其中240万元作为日常养护经费，260万元作为养护机械及工具添置、季节性养护奖补、水毁抢修等经费。同时，各乡（镇）要建立和完善农村公路养护和卫生保洁村规民约，积极通过“一事一议”、社会捐助等方式筹措管养资金。

（二）资金使用。

1. 县道、示范路按1200元/人·月（其中乡镇配套200元/人·月）、乡村道按1000元/人·月发放养护人员工资。

2. 养护机械及工具添置由县交通运输局统筹安排，所需费用据实列支。

3. 列为乡村示范路的进村主干道（沥青路面）季节性养护费用由各乡（镇）按季度申报，经县交通运输局核实后，按实际完成养护工作量进行奖补。

4. 农村公路水毁抢修根据结算价给予适当补助。

五、责任分工

（一）县交通运输局负责编制全县农村公路养护管理计划；筹集和统筹安排农村公路养护资金；指导、培训、检查、考核农村公路养护管理工作；做好尚未移交国（省）道公路的养护和地质灾害防治、公路治超等工作。

（二）各乡（镇）是农村公路养护管理的责任主体，具体负责对辖区内的农村公路进行管养，开展养护示范路的创建工作，治理隐患路段，维护路产路权，保障农村公路畅通。

（三）各乡（镇）在实施农村公路管养工作中，要与农村卫生保洁工作相结合，对公路养护员和卫生保洁员实行同步管理，在落实养护人员时，应优先安排贫困户，也可以从符合条件的农村卫生保洁员中选用，但要确保贫困户公路养护员占总数的 80% 以上。按照两块牌子、一套人马的模式，由乡（镇）指定专人统一管理，统一组织实施。

六、督查考核

将农村公路养护管理工作列入对各乡（镇）的年度科学发展综合考评的重要内容，县“两办”督查部门、县交通运输局要加大日常督查、考核力度，重点对乡村示范路（沥青路面）的养护成效、公益性岗位的落实、乡镇养护配套资金、日常管理等方面进行督查考核，县道、乡村示范路的养护成效每月进行考核，其他乡村道的养护情况进行抽检。对在督查考核中发现的问题，要求乡（镇）及时进行整改，对整改不到位的，视情进行通报并核减其养护经费。各乡（镇）应建立对养护人员的考评机制，明确养护目标、压实养护责任、提高养护成效。

附件 F

安远县农村公路养护管理考核办法

安府办字〔2017〕109号　　　　　　　　　2017年8月10日

第一条　为加强农村公路养护与管理，提高农村公路养护质量和社会效益，保障公路安全畅通，根据《安远县农村公路管理养护实施方案》(安府办字〔2017〕53号)及相关公路养护技术规范和规定，结合我县实际，特制定本办法。

第二条　本办法中的农村公路是指各乡(镇)人民政府按辖区负责管养的县道、乡道、村道共计1281.7公里，其中县道9条207.7公里、乡道47条377.9公里、村组公路696.1公里。

第三条　本办法的考核对象为各乡(镇)人民政府，考核的主要内容是管养机构的设置、人员配备和经费落实及管养范围内的公路、桥涵及其附属设施日常维护、小修保养、路产路权维护、水毁抢修、公路绿化、安全管理等工作。

第四条　农村公路的养护管理工作纳入县委、县政府科学发展综合考评内容，由县政府办、县交通运输局、县农办等部门组成考核小组负责开展考评。考核分月考核、季度考核和年度考核，月考核于每月30日前完成；季度考核每季度组织一次，在次季度的10日前完成；年度考核按四个季度考核得分加权计算，第一、二、四季度考核得分占年度考核得分的比例分别为20%，第三季度为40%。

第五条　农村公路养护管理考核设"优秀、良好、一般"三个等级。考核总分为100分，得分85分以上(含85分)为优秀，70分以上(含70分)～84分为良好，70分以下为一般。

第六条　农村公路养护管理年度考核等级为"优秀"的，县委、县政府给予表彰，并给予一定的资金奖励。

第七条　创建示范路的标准及要求：

(一)创建标准。路基线性顺畅、路面平整完好、路容路貌美观、排水设施畅通、标线标牌明显、安全设施齐全、绿化美化到位，建立长效机制。

（二）创建要求。各乡（镇）必须创建 2 条乡、村示范路。各乡（镇）党政主要负责同志分别担任示范路路长。示范路路段长度不少于 2 公里，设立“路长公示牌”接受社会群众监督，示范路创建需达到“洁化、绿化、美化、安保”要求。

第八条 全年农村公路养护管理要点。

（一）第一季度养护要点

1. 保持路面干净、清洁无杂物；

2. 制定全年养护计划，落实养护责任；

3. 搞好公路巡查，发现侵占路产路权问题及时上报；

4. 加强春节期间值班公路巡查，确保公路安全畅通。

（二）第二季度养护要点

1. 保持路面干净、清洁无杂物，疏通边沟，清理堵塞水沟、涵洞；

2. 加强雨季巡查，防范地质灾害发生，清除水沟杂草；

3. 做好雨季抢险预案，并组织应急抢修。

（三）第三季度养护要点

1. 保持路面干净、清洁无杂物；

2. 做好雨季防范工作，加强公路巡查，及时清理塌方、塌陷等隐患路段进行病害维护；

3. 开展示范路创建工作；

4. 铲除高路肩、边坡杂草。

（四）第四季度养护要点

1. 保持路面干净、清洁无杂物；

2. 对公路病害进行整修、对破损的桥涵进行修复；

3. 保持路容路貌整洁美观；

4. 做好自查工作，迎接农村公路养护管理年度考核。

第九条 考评评分标准。农村公路养护管理考核采用分项计分办法，具体评分内容分八个方面：管理机构及职责、路产路权维护、路面养护、路基养护、桥涵养护、交通安全设施维护、绿化管养、安全生产。

（一）管理机构及职责（10 分）

1. 工作要求：

（1）设立养护管理机构及明确管理人员（2 分）；

（2）明确养护管理人员职责（2 分）；

（3）制订具体养护管理方案及考核办法（3 分）；

（4）建立检查考核记录档案（3 分）。

2. 扣分标准：

（1）未设立养护管理机构及人员不齐全分别扣 1～2 分；

（2）职责不明确扣 2 分；

（3）无具体养护管理方案及考核办法扣 2 分；

（4）检查考核记录不齐全扣 1～3 分。

（二）维护路产路权（10 分）

1. 工作要求：

（1）做好有关维护公路路产路权的法律法规和政策的宣传工作（1 分）；

（2）建立“路长制”和“村规民约”，维护和管理好农村公路（8 分）；

（3）维护路产路权，及时制止、举报占用和破坏公路、红线内建筑、超限运输、污染公路等违法行为（1 分）。

2. 扣分标准：

（1）未做好有关公路路产路权宣传工作扣 1 分；

（2）未树立“路长制”、“村规明约”公示牌分别扣 4 分；

（3）不及时制止和举报侵犯路产路权行为，未制止公路用地范围的建设永久性建筑物，每次扣 1 分。

（三）路面养护（35 分）

1. 工作要求：

（1）路面、绿化带内保持整洁，将垃圾统一收集处理（10 分）；

（2）及时清除路面积水、抛洒物及其他堆积物（6 分）；

（3）及时修复影响路面正常通行的病害，保障公路安全畅通（7 分）；

（4）做好灾害性天气的公路养护工作，确保公路安全畅通（6 分）；

（5）做好地质灾害排查和防治，消除安全隐患（6 分）。

2. 扣分标准：

（1）路面不清洁，污染面积每 50 平方米扣 1 分；未按要求将垃圾统一收集处理，每查实一次扣 1 分；

（2）不及时清除路面积水，每处扣 1 分；不及时清除抛洒物，每 50 米扣 1 分；不及时清除影响路面通行的其他堆积物，每处扣 1 分；

（3）不及时修复影响行车安全的路面坑槽、断板、断角等病害，每处扣 1 分；

（4）未制订防范灾天气预案，扣 1 分；发现险情不及时设立醒目标志，每次扣 1 分；发生事故按情节轻重扣 2～4 分。

（四）路基养护（20 分）

1. 工作要求：

（1）路肩稳定，无冲槽、无堆积物或白色垃圾（5 分）；

（2）边沟排水畅通（5 分）；

（3）及时修复水毁挡墙和清理边坡塌方（5 分）；

（4）构造物保持良好（5 分）。

2. 扣分标准：

（1）路肩不整洁、平整度差，每 50 米扣 1 分；路肩有堆积物、白色垃圾等严重影响路容路貌，每处扣 1 分；

（2）边沟淤塞排水不畅，每 10 米扣 1 分；

（3）未及时修复水毁挡墙和清理塌方，每处扣 1 分；由此造成责任事故视情节轻重扣 3～5 分；

（4）构造物损坏未及时修复，每处扣 1 分。

（五）桥涵养护（5 分）

1. 工作要求：

（1）桥头（涵顶）平顺（2 分）；

（2）保持桥面、涵洞排水良好畅通（3 分）。

2. 扣分标准：

（1）桥头（涵顶）出现跳车严重影响行车安全，每处扣 0.5 分；

（2）桥面积水、涵洞堵塞，每处（道）扣 1 分。

（六）交通安全设施维护（5分）

1. 工作要求：

及时维护、修复安全设施（5分）。

2. 扣分标准：

（1）安全设施维护不到位，每处扣0.5分；

（2）安全设施损坏未及时修复，每处扣0.5分；由此造成交通安全责任事故的扣5分。

（七）绿化管养（5分）

1. 工作要求：

（1）制定公路绿化（宜绿化路段）种植计划并组织实施（3分）；

（2）做好绿化修剪和防病治虫工作（2分）。

2. 扣分标准：

（1）未制定种植计划扣1分，未组织实施扣2分；

（2）春秋两季不进行修剪和防病治虫工作扣2分。

（八）安全管理（10分）

1. 工作要求：

（1）建立安全生产管理制度并做到制度落实，责任明确（2分）；

（2）不发生安全生产事故（6分）；

（3）做好养护人员人身保障工作（2分）。

2. 扣分标准：

（1）未建立安全生产管理制度扣1分，制度不落实、责任不明确扣1分；

（2）发生安全生产事故，按情节轻重扣2～6分；

（3）未按规定做好养护人员人身保障工作，扣1～2分；

第十条 本办法自下发之日施行，由县交通运输局负责解释。